2017年度中国公路网运行
蓝皮书

交通运输部公路局
交通运输部路网监测与应急处置中心　编著

人民交通出版社股份有限公司
China Communications Press Co.,Ltd.

内 容 提 要

本书为2017年度中国公路网运行蓝皮书。全书共十章，分别为：概述、全国干线公路网基础设施运行状况、全国干线公路网交通运行状况、全国干线公路网运行状况综合评价、全国干线公路网运行管理工作情况、全国干线公路网运行监测设施建设情况、全国干线公路网服务工作开展及业务体系建设情况、全国干线公路网应急保障工作情况及业务体系建设情况、免费通行情况、全国收费公路网联网收费与服务情况。

本书可供路网运行管理与业务人员、相关科研工作者及社会公众阅读参考。

图书在版编目(CIP)数据

2017年度中国公路网运行蓝皮书 / 交通运输部公路局，交通运输部路网监测与应急处置中心编著. — 北京：人民交通出版社股份有限公司，2018.12
 ISBN 978-7-114-15283-2

Ⅰ.①2… Ⅱ.①交…②交… Ⅲ.①公路网—交通运输管理—研究报告—中国—2017 Ⅳ.①U491

中国版本图书馆 CIP 数据核字（2018）第 302492 号

书　　名：	2017年度中国公路网运行蓝皮书
著 作 者：	交通运输部公路局　交通运输部路网监测与应急处置中心
责任编辑：	黎小东
责任校对：	宿秀英
责任印制：	张　凯
出版发行：	人民交通出版社股份有限公司
地　　址：	(100011)北京市朝阳区安定门外外馆斜街3号
网　　址：	http://www.ccpress.com.cn
销售电话：	(010)59757973
总 经 销：	人民交通出版社股份有限公司发行部
经　　销：	各地新华书店
印　　刷：	北京市密东印刷有限公司
开　　本：	787×1092　1/16
印　　张：	13.5
字　　数：	246千
版　　次：	2018年12月　第1版
印　　次：	2018年12月　第1次印刷
书　　号：	ISBN 978-7-114-15283-2
定　　价：	70.00元

（有印刷、装订质量问题的图书，由本公司负责调换）

《2017 年度中国公路网运行蓝皮书》

编写领导小组

主　　任：吴德金　李作敏
副 主 任：孙永红　孔凡国
成　　员：顾志峰　杨　亮　李　斌　徐志远

编写组名单

路　芳	王世伟	王　鑫	文　娟	王　琰	高国庆	赵　璐
尹曦辉	王　榅	郑宗杰	乔　正	花　蕾	王燕弓	刘淞男
陈文彪	李　健	蔚晓丹	杨　峰	周可夫	董雷宏	陈　洁
虞丽云	郝　盛	陈智宏	李　剑	李国瑞	闫明月	张恒通
邓　雯	帕里再娜·尼加提	张纪升	李宏海	顾明臣	王英平
撒　蕾	胡士祥	王　虎	梅乐祥	刘　旭	林　亨	李　琳
车春江	杨鹏程	倪　艳	李　燕	帖卉霞	高　薪	王　剑
赵　亮	郝泽鹏	黄　芸	张　鹏	周　正	毛志君	任　闯
夏陆然	王　华	孙　莹				

目录

第一章 概述 ··· 1
第二章 全国干线公路网基础设施运行状况 ·· 4
  一、全国公路(网)基础设施基本情况 ·· 4
  二、收费公路总体情况 ·· 6
  三、2017年全国干线公路网技术状况监测分析 ······································ 7
  四、2017年重点桥梁监测结果及特征分析 ·· 15
  五、2017年重点隧道监测结果及特征分析 ·· 24
  六、2017年公路交通安全设施风险分析评估结果及特征分析 ················· 31
第三章 全国干线公路网交通运行状况 ·· 32
  一、全国干线公路网交通流量分析 ·· 32
  二、全国干线公路网拥挤程度分析 ·· 35
  三、全国干线公路网阻断事件分析 ·· 38
第四章 全国干线公路网运行状况综合评价 ·· 50
  一、全国干线公路网运行状况评价 ·· 50
  二、区域路网运行状况评价 ··· 51
  三、主要运输通道运行状况评价 ·· 52
  四、重点城市出入口运行状况评价 ·· 53
第五章 全国干线公路网运行管理工作情况 ·· 65
  一、全国干线公路网运行管理工作情况 ·· 65
  二、地方干线公路网运行管理机构情况 ·· 66
  三、地方干线公路网运行管理工作情况 ·· 69

第六章　全国干线公路网运行监测设施建设情况 ……………………………… 71
 一、全国干线公路网运行监测设施总体情况 ……………………………………… 71
 二、路网交通量参数监测设施建设与应用情况 …………………………………… 72
 三、路段沿线视频图像监测设施建设与应用情况 ………………………………… 76
 四、路网气象环境监测设施建设与应用情况 ……………………………………… 80
 五、桥梁、隧道安全健康监测设施建设与应用 …………………………………… 82
 六、路堑边坡和路堤沉降监测设施建设与应用 …………………………………… 85

第七章　全国干线公路网服务工作开展及业务体系建设情况 ……………… 87
 一、全国干线公路网出行信息服务系统总体情况 ………………………………… 87
 二、全国交通广播建设与运行情况 ………………………………………………… 92
 三、全国公路出行服务类网站建设情况 …………………………………………… 94
 四、"两微一端"出行信息服务系统应用情况 …………………………………… 95
 五、公路客服/救援电话系统建设与运行情况 …………………………………… 96
 六、高速公路服务区建设与服务质量情况 ………………………………………… 98
 七、社会化出行服务系统应用情况 ………………………………………………… 101

第八章　全国干线公路网应急保障工作情况及业务体系建设情况 ………… 103
 一、公路交通突发事件应急管理和处置能力建设情况 …………………………… 103
 二、2017年度国家公路交通军地联合应急演练情况 …………………………… 105
 三、公路突发事件及应急处置情况 ………………………………………………… 106
 四、2017版《公路交通突发事件应急预案》修订说明 ………………………… 107

第九章　免费通行情况 …………………………………………………………… 109
 一、节假日免费通行情况 …………………………………………………………… 109
 二、全国鲜活农产品运输"绿色通道"服务情况 ………………………………… 115

第十章　全国收费公路网联网收费与服务情况 ……………………………… 116
 一、全国ETC联网运营概况 ……………………………………………………… 116
 二、全网通行概况 …………………………………………………………………… 117
 三、专项分析 ………………………………………………………………………… 119

附录A　全国公路网运行监测一览表 ……………………………………………… 122

附录B　2017年全国公路出行服务系统一览表 ………………………………… 126

附录C　重要通道运行状况评价结果汇总表 ……………………………………… 201

第一章　概　述

  2017年是党的十八大召开后的第五年。这五年,是交通运输发展极不平凡的五年。五年来,各级交通运输主管部门牢牢把握优化布局、加速成网这个关键,综合交通建设稳步推进,实现了交通基础设施跨越式发展。综合交通基础设施网络不断完善。"五纵五横"综合运输大通道基本贯通。公路总里程五年增长约53.4万公里,高速公路覆盖97%的20万人口城市及地级行政中心,二级及以上公路通达96.7%的县。现代综合交通运输体系初步形成,各种运输方式一体化衔接日趋顺畅。深入开展"四好农村路"建设,五年新改建农村公路127.5万公里。"溜索改桥""百项交通扶贫骨干通道工程""百万公里农村公路"等有序实施。全国约99.2%的乡镇和98.3%的建制村通上了沥青路、水泥路。交通运输促进区域协调发展的基础不断夯实。东部地区综合交通网骨架已经形成;中部地区干线网络基本建成;西部地区综合交通运输网覆盖面不断扩大,联通东中部的运输通道基本形成;东北地区综合交通运输网络主骨架初步形成。

  2017年是供给侧结构性改革的深化之年,也是推进交通运输改革发展的重要一年。一年来,各级交通运输主管部门认真学习落实党的十九大精神,以党的十九大精神为指引,谋划推动交通运输工作,圆满完成了各项年度目标任务。行业供给侧结构性改革实现多项突破。政府还贷二级公路收费基本取消,收费公路绿色通道、重大节假日免收小型客车通行费等政策扎实落实、差异化收费等多项举措稳步扩大,全国物流成本较上一年降低880多亿元。国家高速公路待贯通路段建设进一步加快,基础设施短板进一步补齐。交通运输促投资、促消费、稳增长效果明显。新改建农村公路28.5万公里,公路通车总里程达到477万公里,其中高速公路达到13.6万公里。实施普通公路安全生命防护工程13万公里,改造危桥3 300座。圆满完成重大会议、重大活动和重要时段交通运输安全保障、应急值守等保障工作,妥善应对四川茂县山体滑坡等突发事件。

  1. 公路基础设施持续平稳增长。截至2017年底,全国公路总里程达到4 773 469公里,当年新增公路里程78 219公里,其中新增高速公路6 458公里,全国已有15个省份的高速公路里程超过5 000公里,二级及以上公路总里程达到622 154公里,占总里程比例为13.03%,公路密度达到49.72公里/百平方公里。

2. 全国干线公路网运行总体平稳有序。2017年,全国干线公路网综合运行指数为60,比2016年有所提升。全国普通国道技术状况为良等水平,路面综合使用性能指数PQI为85.90,其中,国家高速公路优良路率为81.85%。2017年全国干线公路年平均日交通量为14 446pcu/日,同比增长9.3%。国家高速公路日平均交通量为26 328辆,同比增长10.5%。全国干线公路网拥挤度为18%,同比增长2个百分点。其中,高速公路处于"严重拥堵"状态的里程比例为3.1%,普通公路处于"严重拥堵"状态的里程比例为8.6%,与上年基本持平。全国31个省(区、市)累计报送各类阻断事件共计47 124起,与2016年比增长6.74%,累计公路阻断里程约82.12万公里,同比减少18.75%,累计公路阻断持续时间约133.18万小时,同比减少69.58%。

3. 公路养护管理工作进一步取得新成绩。全国公路养护里程达到467.46万公里,同比养护里程增加了8.46万公里。继续加强实施公路安全生命防护工程13万公里,改造危桥3 300座。农村交通运输服务水平持续提升。继续开展国家干线公路网路况监测工作,2017年度国家干线路网监测组织完成1.405万公里普通国道、1.095万公里高速公路的路况检测评定,40座长大桥梁、10座长大隧道抽检和巡查工作。桥隧部级挂牌督办整改情况较好,2012—2016年对10省(区、市)12座桥梁进行部级挂牌督办,截至2017年底,有8省(区、市)10座桥梁完成整改并摘牌。2011—2016年对17省(区、市)34座桥隧进行省级挂牌督办,截至2017年底,有29座桥隧完成整改。

4. "纵向贯通、横向衔接、责权清晰、高效协同"的路网运行管理体制机制逐步建立。全国路网运行监测体系"可视"基本实现,"可测、可控、可服务"能力进一步提升,公路沿线自动化监测设施建设力度不断加大,高速公路特大桥梁、长大隧道及服务区、收费站监测基本实现全覆盖,路网应急事件管控功能初步具备,出行信息服务方式实现全媒体化,全国路网运行管理工作水平迈上了新的台阶。

5. 全国干线公路网运行监测设施建设稳步提高。2017年我国高速公路交通量参数监测设施总规模达2.1万套,同比增加0.1万套,平均布设密度达10~15公里/套;视频监测设施(路段沿线)规模达5.2万套,同比增加0.4万套,平均布设密度达5公里/套;气象监测设施总规模达近2 600套,同比增加100套。高速公路收费广场、特大桥梁、长大隧道内基本覆盖交通量和视频监测设施。

6. 公众出行服务业务持续扩展。2017年,各级公路交通部门重视出行信息服务工作,加快实施出行信息发布平台建设,促进公路交通信息服务的共享和应用,多方面开展合作,信息发布渠道建设不断完善,"两微一端"信息发布成为主力,信息发布内容得到显著提升,服务区建设稳步推进,社会化合作进一步增强。

7. 公路应急体系建设快速发展,各项公路应急保障工作成效显著。2017年,我国公路应急管理体制机制建设稳步发展,2017版《公路交通突发事件应急预案》正式发布,国、省、市、县四级公路交通应急预案体系日趋完善。公路基层应急能力不断提升,15省(区、市)已经组建了省级应急救援队伍,国省干线和高速公路应急救援队伍在突发事件应急过程中得到了锻炼和提升。9月30日,交通运输部在福建省福州市开展了以台风灾害应急处置为主题的"2017年度全国公路交通军地联合应急演练"。

8. 重大节假日小客车免费通行常态化、规范化运行。2017年,春节、清明节、劳动节和国庆节四个重大节假日小型客车免费通行期间,全国收费公路交通流量达87 185.78万辆,收费公路交通流量日均达4 242.02万辆。其中,高速公路交通流达81 245.6万辆,日均达3 949.3万辆。部、省统一部署协调下,全国各地交通运输主管部门加强组织领导、周密安排部署、强化层级责任落实,采取多项措施确保重大节假日小客车免费通行期间全国干线公路网的安全畅通与平稳有序运行。

9. 全国ETC联网行业蓬勃发展。截至2017年底,全国ETC用户总量达到6 047万,同比增长33.76%;ETC车道总量达1.72万条,同比增长4.88%;建成各类服务网点5.28万个,同比增长42.7%;全网交易快速增长,2017年12全网非现金交易量达到3.25亿笔,同比增长32.69%。

第二章 全国干线公路网基础设施运行状况

一、全国公路(网)基础设施基本情况

截至 2017 年底,全国公路总里程达 4 773 469 公里,新增 78 219 公里;公路密度达到 49.72 公里/百平方公里,上升 0.8 个基点。近 6 年的全国公路通车里程及公路密度情况如图 2-1 所示。

图 2-1　2012—2017 年全国公路总里程及公路密度

我国已通车公路里程,按照技术等级划分,高速公路 136 449 公里,一级公路 105 224 公里,二级公路 380 481 公里,二级及以上公路占总里程的比例为 13.03%;按照行政等级划分,国道 358 389 公里,省道 333 782 公里,县道 550 702 公里,乡道 1 157 727 公里,村道 2 300 831 公里,专用公路 72 038 公里;按照路面铺装类别划分,沥青路面 1 339 909 公里,水泥混凝土路面 2 454 912 公里,全国公路路面铺装率为 79.50%,提升了 3.6 个百分点,其中,国省干线铺装率为 94.72%,比去年提升了 0.46 个百分点。具体分别如图 2-2 ~ 图 2-4 所示。

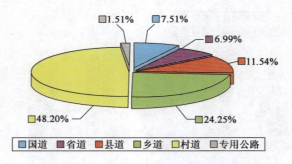

图 2-2　2017 年全国各行政等级公路里程构成

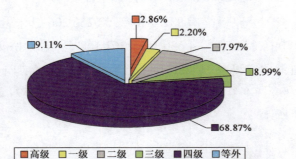

图 2-3　2017 年全国各技术等级公路里程构成

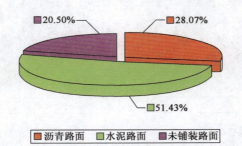

图 2-4　2017 年全国公路路面铺装情况分布构成

截至 2017 年底,全国高速公路里程达 136 449 公里,比上年末增加 5 476 公里。全国已有 15 个省份的高速公路里程超过 5 000 公里。其中:超过 8 000 公里的 1 个,广东(8 347 公里);超过 6 000 公里的 6 个,四川(6 821 公里)、河北(6 531 公里)、河南(6 523 公里)、湖南(6 419 公里)、内蒙古(6 320 公里)、湖北(6 252 公里);超过 5 000 公里的 8 个,江西(5 916 公里)、贵州(5 835 公里)、山东(5 821 公里)、山西(5 335 公里)、陕西(5 279 公里)、广西(5 259 公里)、福建(5 039 公里)、云南(5 022 公里)。近 6 年全国高速公路通车里程如图 2-5 所示。

图 2-5　2012—2017 年全国高速公路通车里程

截至 2017 年底,全国公路桥梁达 832 478 座/52 256 206 延米,比上年末增加 27 187 座/3 086 525 延米。其中,特大桥梁 4 646 座/8 267 168 延米,大桥 91 777 座/24 243 694 延米。全国公路隧道为 16 229 座/15 285 084 延米,比上年末增加 1 048 座/1 245 350 延米。其中,特长隧道 902 座/4 013 156 延米,长隧道 3 841 座/6 599 266 延米。具体数据分别如图 2-6、图 2-7 所示。

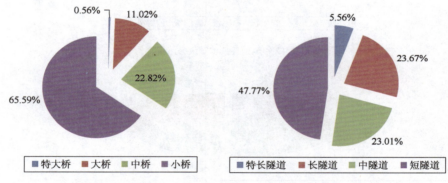

图 2-6　全国公路桥梁分布情况　　　　　图 2-7　全国公路隧道分布情况

截至 2017 年底,全国公路养护里程达 4 674 565 公里,占公路总里程的 97.93%,比上年末提升了 0.19 个百分点。全国公路绿化里程 2 678 308 公里,占公路总里程的 64.03%,比上年末提高 0.57 个百分点。

二、收费公路总体情况

1. 里程构成

2017 年末,全国收费公路里程 16.37 万公里,占公路总里程 477.35 万公里的 3.4%。其中,高速公路 13.26 万公里,一级公路 2.07 万公里,二级公路 0.95 万公里,独立桥梁及隧道 883 公里,占比分别为 81.0%、12.6%、5.8% 和 0.5%。

全国收费公路里程比上年末净减少7 356公里。其中,高速公路净增加8 130公里,一级公路、二级公路、独立桥梁及隧道分别净减少2 846公里、12 399公里、240公里。

2. 主线收费站

2017年末,全国收费公路共有主线收费站1 338个,比上年末净减少237个。其中,高速公路759个,一级公路373个,二级公路143个,独立桥梁及隧道63个,占比分别为56.7%、27.9%、10.7%和4.7%。

三、2017年全国干线公路网技术状况监测分析

为准确掌握国家干线公路网的路况水平,切实加强公路、桥梁、隧道的安全监管,交通运输部自2011年起组织开展年度国家干线公路网技术状况监测工作。2017年,路况检测里程为25 000公里,途经检测里程为7 500公里,具体情况如下。

(一)2017年度全国干线公路网技术状况检测结果

根据2017年度国省干线公路网监测项目实施结果,全国共计抽检的1.405万公里普通国道和1.095万公里高速公路,按照《公路技术状况评定标准》(JTG H20—2007,以下简称《标准》)进行评定,普通干线公路评定等级为良等水平,高速公路评定等级为优等水平。具体技术状态参数指标如下。

1. 普通国道

普通国道路面综合使用性能指数PQI❶为85.90。其中:优良路率❷为78.31%,次差路率❸为10.61%;路面破损率DR❹为3.94%;路面平整度IRI❺为2.61m/km(每公里颠簸累计值);路面损坏状况指数PCI❻为83.86,其中优良路率为71.07%,次差路率为16.55%;路面行驶质量指数RQI❼为88.96,其中优良路率为89.53%,次差路率为5.06%。具体情况详见表2-1。

---

❶ 路面使用性能指数(PQI):表征路面性能的综合评价指标。
❷ 优良路率:《标准》将各种路面使用性能指标评定分为优、良、中、次、差5个等级,优良路率指评定为优和良的路段长度占总评定长度的比例(%)。
❸ 次差路率:《标准》将各种路面使用性能指标评定分为优、良、中、次、差5个等级,次差路率指评定为次和差的路段长度占总评定长度的比例(%)。
❹ 路面破损率(DR):表征路面损坏程度的一种路面使用性能指标,为路面各种损坏的折合算坏面积之和与路面调查面积的百分比(%)。
❺ 路面平整度(IRI):国际平整度指数,表征路面凹凸不平现象的路面使用性能指标,指标准车身悬架颠簸总位移(单位:m)与行驶距离(单位:km)之比。
❻ 路面损坏状况指数(PCI):由路面破损率DR按《标准》中规定公式计算得出。
❼ 路面行驶质量指数(RQI):有国际平整度IRI按《标准》中规定公式计算得出。

2017年全国普通国道路面使用性能指数及分项指标统计　　　　表2-1

区域	省份	PQI	分项指标		优良路率（%）	次差路率（%）	评定里程（公里）
			PCI	RQI			
	全国均值	85.90	83.86	88.96	78.31	10.61	14 050
东部	北京	94.47	94.6	94.27	100	0	50
	天津	87.43	83.59	93.18	96.15	0.29	50
	河北	86.91	84.65	90.29	84.11	8.21	650
	辽宁	94.53	94.41	94.69	99.91	0.09	500
	上海	94.01	94.67	93.02	100	0	50
	江苏	94.98	95.73	93.84	100	0	300
	浙江	94.97	96.28	93.01	99.88	0	250
	福建	90.82	91.43	89.89	97.85	0.33	300
	山东	93.41	93.72	92.96	99.16	0.33	600
	广东	91.68	92.97	89.76	97.7	0.41	500
	海南	91.12	91.4	90.69	96.61	0.1	150
中部	山西	73.97	66.78	84.77	41.94	35.87	400
	吉林	81.28	75.58	89.82	66.9	13.05	400
	黑龙江	70.61	63.51	81.25	27.19	41.27	600
	安徽	92.47	92.63	92.23	97.12	0.14	300
	江西	85.43	83.73	87.98	73.11	9.37	400
	河南	84.81	80.59	91.12	80.46	5.54	500
	湖北	88.97	87.77	90.76	92.87	1.06	500
	湖南	90.29	92.6	86.83	96.4	0.25	550
西部	内蒙古	77.29	69.13	89.53	47.18	20.21	800
	广西	87.57	87.52	87.66	87.74	2.44	600
	重庆	91.72	92.21	90.98	99.33	0	150
	四川	90.27	89.67	91.19	92.53	1.63	750
	贵州	91.48	93.1	89.04	93.96	1.86	350
	云南	93.65	94.79	91.94	95.68	1.82	800
	西藏	64.02	61.82	67.31	19.04	62.69	800
	陕西	92.53	92.06	93.24	94.82	0.57	550
	甘肃	83.92	80.56	88.96	70.22	11.33	600
	青海	85.12	80.71	91.71	76.87	4.09	500
	宁夏	84.1	77.71	93.71	75.99	1.6	100
	新疆	84.84	79.99	92.12	76.13	11.24	1 000

2. 高速公路

高速公路路面综合使用性能指数 PQI 为 92.45。其中：优等路率为 81.85%，次差路率为 0.15%；路面破损率 DR 为 0.68%；路面平整度 IRI 为 1.38m/km（每公里颠簸累计值）；路面损坏状况指数 PCI 为 91.56，路面行驶质量指数 RQI 为 93.59，路面车辙深度指数 RDI[1] 为 91.56。具体情况详见表 2-2。

2017 年全国高速公路路面使用性能指数（PQI）分项指标统计　　表 2-2

区域	省份	PQI	分项指标			优等路率（%）	次差路率（%）	评定里程（公里）
			PCI	RQI	RDI			
全国均值		92.45	91.56	93.59	91.56	81.85	0.15	10 950
东部	北京	93.81	94.66	93.85	91.72	100	0	100
	天津	90.51	86.09	92.79	94.73	68	0	50
	河北	93.08	91.34	94.68	92.94	91.54	0	500
	辽宁	88.87	86.73	91.42	87.06	56.82	1.19	500
	上海	93.41	95.81	91.74	92.3	91.28	0	50
	江苏	95.52	97.24	94.88	93.23	99.92	0	400
	浙江	94.36	95.55	93.93	92.77	98.22	0	400
	福建	93.47	93.97	93.67	91.78	87.36	0	400
	山东	94.68	96.92	94.05	91.16	99.2	0	500
	广东	93.09	92.38	93.25	94.82	90.26	0.08	500
	海南	90.99	90.97	91.47	89.77	62.23	0	100
中部	山西	91.84	87.68	94.91	93.41	82.54	0	350
	吉林	91.17	90.71	92.85	87.78	72.18	0	300
	黑龙江	89.62	83.61	94.08	91.91	60.09	0.54	400
	安徽	93.59	93.78	94.66	90.19	96.46	0	400
	江西	93.56	93.51	94.69	90.63	87.47	0.06	450
	河南	92.02	88.96	94.67	92.14	83.7	0.1	500
	湖北	93.4	94.11	93.53	91.41	89.49	0	450
	湖南	94.8	97.19	93.58	92.12	92.38	0.06	450
西部	内蒙古	88.86	81.6	94.1	92.15	54.2	0.7	500
	广西	92.35	94.65	91.25	90.05	81.09	0	400
	重庆	94.24	95.46	93.94	92.27	97.41	0	300
	四川	92.58	93.02	92.68	91.35	80.5	0.11	500

---

❶ 路面车辙深度指数（RDI）：由路面车辙深度按《标准》中规定公式计算得出。

续上表

区域	省份	PQI	分项指标			优等路率（%）	次差路率（%）	评定里程（公里）
			PCI	RQI	RDI			
西部	贵州	90.34	91.37	90.29	88.36	67.11	0.38	300
	云南	93.32	93.89	92.96	93	85.64	0	450
	陕西	94.01	94.02	94.49	93.04	93.24	0	550
	甘肃	90.87	87.55	94.34	89.38	65	0	400
	青海	91.28	90.81	91.72	91.78	76.57	1.26	150
	宁夏	90.55	86.7	93.56	91.53	64.57	0	200
	新疆	89.92	84.61	93.78	92.11	58.37	0	400

3. 干线公路东、中、西部路况分布

东、中、西部地区路况水平依次降低，东部明显优于中、西部。从全国范围来看，东、中、西部路面使用性能指数 PQI 均值分别为 92.52、87.52 和 87.16，仅东部路况评定为优等，中、西部则评定为良等，东部地区路况水平依然保持最好，中、西部路况水平相对接近。其中，分项指标路面损坏状况指数 PCI 和路面行驶质量指数 RQI 也呈现相同趋势。东、中、西部路况水平如图 2-8 所示。

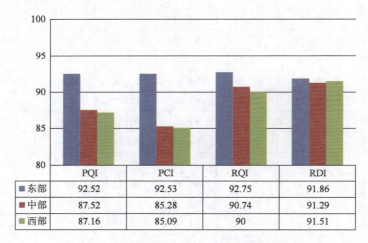

图 2-8　2017 年度干线公路东、中、西部路况水平对比

4. 干线公路不同技术等级路况分布

2017 年干线公路的各技术等级道路中，高速公路共计 10 950 公里，占比最大，占总检评里程的 43.8%。四级公路因里程较少，本次与三级公路一并进行路况数据统计。

总体来看，高速公路路况水平最优，一级公路和三、四级公路次之，二级公路路况最

差。高速公路路面性能指数 PQI 均值为 92.45，一级公路 PQI 均值为 87.68，二级公路 PQI 均值为 85.05，三、四级公路 PQI 均值为 86.69。

由分项指标来看，高速公路路面损坏状况指数 PCI 评价为优等，其余各技术等级公路 PCI 均评价为良等，高速公路和一级公路明显好于二级公路和三、四级公路；分项指标平整度 RQI 除高速公路评价为优等外，其余等级均评价为良等。各技术等级公路评定结果见图 2-9。

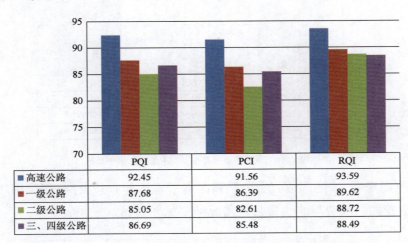

图 2-9　干线公路各技术等级评价结果对比

(二) 2017 年度全国普通国道技术状况特征分析

根据 2017 年度普通国道技术状况检测情况看，其结果呈现以下几方面特征。

1. 普通国道东、中、西部路况分布

东部地区普通国道路况水平显著优于中、西部。东部普通国道路况水平评价为优等，路面使用性能指数 PQI 均值为 91.92，中西部普通国道路况水平均评价为良等，PQI 均值分别为 83.02 和 84.45，东、中、西部路况分别达到交通运输部《"十三五"公路养护管理发展纲要》中"东、中、西部普通国省道 PQI 分别达到 82、80、78 以上"的要求。

东部各分项指标水平同样优于中、西部，其中，东部路面损坏状况指数 PCI 和平整度 RQI 均评定为优等；中部路面损坏状况指数 PCI 评定为中等，平整度 RQI 评定为良；西部路面损坏状况指数 PCI 和平整度 RQI 评定为良等。各区域路况结果见图 2-10。

2. 普通国道收费公路路况分布

本次检测共 15 个省（区、市）收费公路参加评定，其余省份均无收费公路参评，里程共计 2 893.698km，占评定总里程的 20.6%。全国收费公路路面性能指数 PQI 均值为

84.38,达到良等水平,优良路率为72.68%,次差路率为10.58%。其中,分项指标路面损坏状况指数PCI均值为80.55,优良路率为60.32%,次差路率为22.56%;分项指标平整度RQI均值为90.12,优良路率为93.83%,次差路率为2.55%。

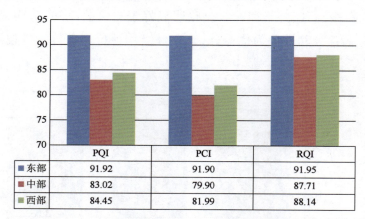

图2-10 2017年度普通国道东、西、中部路况水平对比

从全国范围来看,普通国道收费公路路况水平差于非收费公路,路面损坏状况指数PCI指标差值较大。收费与非收费公路路况结果见图2-11。

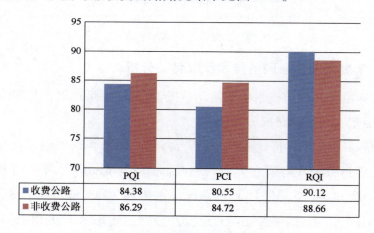

图2-11 全国普通国道收费与非收费公路指标对比

3. 普通国道路况分布

2017年在全国范围内累计抽检普通国道共计39条,其中16条路面性能指数PQI评价为优等,15条PQI评价为良等,7条PQI评价为中等,1条PQI评价为次等(黑龙江省的G201,PQI均值为69.7)。从全国来看,路况水平排在前10位的国道路线及其所在省份分布见表2-3。

PQI 均值前 10 名的路线统计   表 2-3

路线编码	所在省份	评定长度(公里)	PQI	PCI	RQI
G306	辽宁	161.689	95.49	95.86	94.94
G328	江苏	166.715	95.17	95.77	94.28
G104	安徽、江苏	276.12	95.06	95.99	93.67
G330	浙江	201.72	94.61	95.99	92.53
G204	上海	25.197	93.49	94.18	92.44
G320	上海、云南	688.946	93.40	94.57	91.64
G309	河北、山东	250.388	93.30	92.95	93.83
G205	山东、天津、浙江	552.002	92.94	93.05	92.79
G210	陕西、重庆	686.785	92.35	92.06	92.78
G107	广东、湖南	217.653	91.97	93.88	89.10

(三)2017 年度全国高速公路网技术状况特征分析

1. 高速公路东、中、西部路况分布

东、中、西部地区路况等级均为优等,东部地区的路况好于中、西部地区,较中、西部地区的路面性能指数 PQI 均值分别高出 0.51 和 1.33。各地区路况结果见图 2-12。

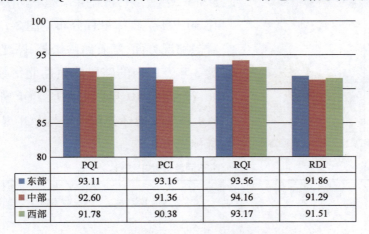

图 2-12 2017 年度高速公路东、西、中部路况水平对比

2. 高速公路路况分布

2017 年在全国范围内累计抽检高速公路共计 40 条,其中路面性能指数 PQI 评价为优等的路线 35 条,PQI 评价为良等的路线 5 条,无评价为中等及以下路线。从全国来看,路况水平排在前 10 位的高速路线及其所在省份分布见表 2-4。

PQI 均值前 10 名的路线统计 表 2-4

路线编码	所在省份	评定长度（公里）	PQI	PCI	RQI	RDI
G80	云南	47.881	95.96	97.98	94.31	95.61
G5615	云南	26.42	95.78	98.47	93.03	96.81
G76	江西	186.528	95.50	97.92	95.28	90.36
G40	江苏、陕西	303.744	94.98	96.57	94.49	92.81
G5513	湖南	56.587	94.89	94.89	94.86	94.98
G94	广东	157.203	94.86	95.84	93.81	95.47
G25	福建、江苏、山东、天津	396.359	94.75	95.55	94.74	92.92
G42	湖北、重庆	477.822	94.68	96.15	93.98	93.12
G3	浙江	62.315	94.57	95.89	94.48	91.93
G7	北京	28.1	94.32	94.40	94.17	94.64

3. 高速公路不同路龄的路况分析

2017 年在全国范围内累计抽检高速公路共计 10 950 公里,路龄分布以大于 10 年居多,共计 5 315.575 公里,占比 48.5%,其次是 6~8 年,占比 30.2%。具体里程分布见图 2-13。

路况方面,随着路龄增长,路况逐渐下降。路龄 3 年及以内的路段路面性能指数 PQI 较高,为 96.72,路龄 10 年以上路段 PQI 稍差,为 91.46。PQI 各分项指标分布规律与 PQI 规律相同。详细指标见表 2-5。

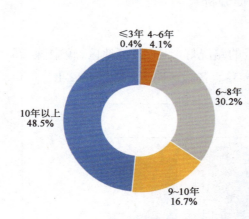

图 2-13 2017 年高速公路抽检路段路龄分布

高速公路不同路龄路况统计 表 2-5

路龄分布	评定长度（公里）	PQI	PCI	RQI	RDI
≤3 年	45.356	96.72	98.38	95.67	95.63
4~6 年	448.905	94.50	94.77	94.20	94.82
6~8 年	3 310.758	93.55	93.27	94.18	92.57
9~10 年	1 829.406	92.74	92.45	93.79	90.87
10 年以上	5 315.575	91.46	89.87	93.09	90.84
合计	10 950	92.45	91.56	93.59	91.56

四、2017 年重点桥梁监测结果及特征分析

2017 年,交通运输部在"十三五"重点桥梁监测库抽取 40 座桥梁进行了技术与安全状况抽检和巡查。40 座桥梁覆盖全国 31 个省(区、市)。按结构类型分,斜拉桥 2 座、梁桥 28 座、拱桥 10 座;按桥梁建设年代分,桥龄 15 年及以上的 15 座,桥龄 10~14 年的 24 座,桥龄 5~9 年的 1 座。

(一)2017 年重点监测桥梁技术状况监测结果

根据 2017 年度重点监测 40 座桥梁养管单位的末次定期检查评定结果,1 类桥 2 座,2 类桥 28 座,3 类桥 10 座。经过本次监测确认评级,2 类桥 29 座,3 类桥 11 座。有 7 座桥梁技术状况末次评定结果与本次监测结果不一致,其中 6 座桥梁确认评定结果均较末次评定差,1 座桥梁技术状况监测结果提高。

总体上看,桥梁养护管理规范化水平较 2016 年度有提升。详细结果见表 2-6。

2017 年度重点监测桥梁技术状况评价表 表 2-6

序号	桥型	路线名称	桥梁名称	所在省份	建成年份	末次评级	规范化评分 省级部门	规范化评分 养管单位	规范化评分 小计	2017 年监测结果
全国	—	—	—	—	—	—	33.6	58.3	91.9	—
1		G50	拦路港桥	上海	2006	2 类	34	60	94	同末次
2		G4W	观音沙大桥	广东	2005	2 类	34	62	96	同末次
3		G1	蓟运河特大桥	河北	1998	2 类	33	62	95	同末次
4		G18	张家窝桥	天津	2005	3 类	34	58	92	同末次
5		G5513	木塘垸沅水特大桥	湖南	2005	2 类	34	61	95	同末次
6		G40	白河特大桥	河南	2006	2 类	31	60	91	同末次
7		G55	襄阳汉江四桥	湖北	2003	2 类	33.5	63.5	97	同末次
8	梁桥	G12	九站松花江大桥	吉林	1999	3 类	33.5	57	90.5	同末次
9		G1113	南天门 2 号大桥	辽宁	2002	3 类	35	62	97	同末次
10		G5	太枣沟特大桥	陕西	2005	3 类	35	54	89	同末次
11		G3012	小草湖立交 2 桥	新疆	2002	2 类	34	58	92	同末次
12		G6	新田黄河大桥	甘肃	2005	2 类	34	55	89	左幅引桥由 1 类调整为 2 类,其他不变
13		G2001	西矿街特大桥	山西	2004	3 类	35	61	96	同末次

续上表

序号	桥型	路线名称	桥梁名称	所在省份	建成年份	末次评级	规范化评分			2017年监测结果
							省级部门	养管单位	小计	
14	斜拉桥	G15	绍林分离式立交桥	江苏	2005	1类	34	56	90	2类
15		G10	四方台大桥	黑龙江	2004	2类	28.5	56.5	85	左幅引桥3类，其他部分2类
16	拱桥	G8511	K291+959下行桥	云南	2003	2类	32	56	88	同末次
17		G60	舞阳河大桥	贵州	2006	2类	35	59	94	同末次
18	梁桥	G225	潮见桥	海南	2003	2类	32	58	90	同末次
19		G105	新万埠大桥	江西	2004	2类	34	59	93	同末次
20		G308	齐河大桥	山东	2003	2类	34	57	91	同末次
21		G204	杨林塘大桥	江苏	2009	2类	34	61	95	同末次
22		G106	超洪北桥	河北	1998	3类	33	52	85	同末次
23		G103	北苑高架主桥	北京	2006	2类	35	61	96	同末次
24		G209	石龙大桥	广西	1984	2类	32	57	89	同末次
25		G319	天马大桥	湖南	2000	2类	34	58	92	同末次
26		G310	须水立交桥	河南	2004	3类	31	59	90	同末次
27		G203	松原松花江大桥	吉林	1993	2类	33.5	56	89.5	3类
28		G110	留宝窑子大桥	内蒙古	2004	2类	33	55	88	同末次
29		G2012	宝中铁路立交大桥	宁夏	2005	2类	35	58	93	3类
30		G319	郁山特大桥	重庆	2004	2类	35	60	95	同末次
31		G227	察汉河大桥	青海	2006	3类	34	59	93	同末次
32		G219	拉孜雅江大桥	西藏	1996	3类	33	53	86	同末次
33	拱桥	G104	九九桥	浙江	2006	3类	34	60	94	同末次
34		G316	埕头大桥	福建	1995	2类	33	62	95	同末次
35		G205	东江大桥	广东	1991	1类	34	54	88	2类
36		G205	率水大桥	安徽	2004	2类	34	60	94	同末次
37		G318	南里渡大桥	湖北	2002	2类	33.5	58.5	92	同末次
38		G312	跨沟桥	陕西	1999	2类	35	57	92	同末次
39		G108	西门大桥	四川	1985	3类	35	56	91	2类
40		G208	司庄一桥	山西	1996	2类	35	59	94	同末次

（二）2017年度重点监测桥梁技术状况和管养特征分析

通过对2017年度40座重点监测桥梁的技术状况和养护管理情况分析，结果呈以下特征。

1. 桥梁技术状况总体良好。 2017 年度重点监测 40 座桥梁中,其技术状况为 1、2 类桥梁共 29 座(占 72.5%),3 类桥梁共 11 座(占 27.5%),无 4、5 类桥梁。由桥梁建设年代调查数据可知,桥龄 15 年及以上的 15 座,桥龄 10~14 年的 24 座,绝大多数桥龄均大于 10 年。考虑抽检样本桥龄偏大的因素,2017 年度抽检桥梁技术状况总体良好,如图 2-14 所示。

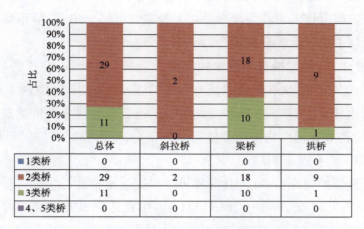

图 2-14 2017 年度 40 座长大桥梁技术状况统计

按收费属性划分,本次所抽检的 40 座桥梁中,收费桥梁共计 18 座,非收费桥梁共 22 座。对于桥龄小于 15 年的桥梁,收费桥梁 1 类桥、2 类桥占比 79%,高于非收费桥梁 73% 的比例。桥龄大于或等于 15 年的桥梁,收费桥梁 1 类、2 类桥占比 50%,低于非收费桥梁 73% 的比例,如图 2-15 所示。

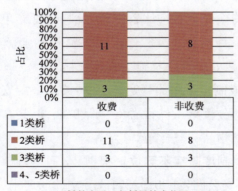

a) 桥龄小于15年桥梁技术状况

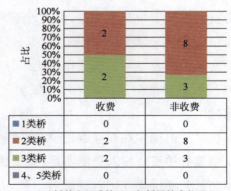

b) 桥龄大于或等于15年桥梁技术状况

图 2-15 2017 年度重点桥梁监测不同收费情况的桥梁技术状况比较

2. 桥梁规范化管理水平有所提升。 2017 年度监测,根据养护制度建设、管理责任落实、专业化管理、技术资料管理、应急管理、信息技术的应用及"四新技术"开发等方面进行桥梁养护与运营管理规范化评分,40座桥梁中,评分结果大于85分的共38座,占95%,比2016年提升5%。评分结果大于90分的共30座,占75%。2016年评分大于90分的桥梁是18座,比2016年提升30%。

不同区域养护规范化评分存在一定差异:东北地区分数最低,为90.5分;华南、西南、西北地区养护规范化水平较为接近,为91分左右;华北、华中、华东地区规范化养护水平相对较高,其中华东地区分数最高,为93.3分。

3. 养护制度建立、桥梁检查与维修执行情况良好。抽检的40座桥梁中,在养护管理制度方面,33座桥梁管养单位依据所辖桥梁的自身特点专门编制了桥梁养护手册(或实施细则),占比82.5%。40座桥梁均制定了适合自身情况的桥梁安全运营管理工作制度。40座梁桥管养单位均编制了桥梁应急预案,全部设置了桥梁养护工程师,1座桥梁养护工程师未能开展定期培训。

按《公路桥涵养护规范》(JTG H11—2004)、《交通运输部关于进一步加强公路桥梁养护管理的若干意见》(交公路发〔2013〕321号)中规定频率开展经常检查、定期检查、特殊检查的桥梁分别有38座、35座、24座,占比分别为95%、87.5%和60%。桥梁检查执行情况良好,但定期检查的规范性及专业性有待加强,主要体现在报告深度或内容不满足规范要求,部分桥梁的定期检查由管养单位自行组织,未委托专业检测机构进行。同时,评定等级准确性有待提高,定期检查评级与本次重点桥梁监测建议评级吻合度仅为82.5%。

4. 部分桥梁技术档案缺失,桥梁安全保护区管理仍需加强。抽检的40座桥梁中,养护检查和检测资料基本完整,尤其近年来的检查资料均比较完整,反映了管养单位对桥梁养护工作越来越重视和规范,但有3座设计图、施工图、竣工图等资料不全,6座未查阅到交竣工验收资料。多数桥梁无工程事故处理资料及施工监控资料。

40座受检梁桥全部设定了安全保护区,或制定了相关规定,或在桥梁上下游安装了安全保护区警示牌,保障桥梁的安全运营。部分桥梁虽然设置安全保护区,但是在应设安全保护区的范围内存在违章建筑、堆放易燃物品、非法经营摊点等。

5. 桥梁养护资金投入仍然不足,资金保障制度落实不到位。根据《交通运输部关于进一步加强公路桥梁养护管理的若干意见》(交公路发〔2013〕321号)文件的要求,养护资金每延米不少于240元。所检40座桥梁中有24座每延米养护资金总额满足要求,占抽检数60%。养护资金满足要求的桥梁所占的比例比2016年增加2座。桥梁养护资金分类对比如图2-16所示。

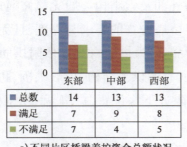
a) 不同片区桥梁养护资金总额状况

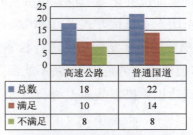
b) 不同道路等级桥梁养护资金总额状况

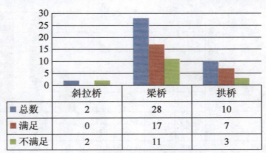
c) 不同桥型养护资金总额状况

图 2-16 桥梁养护资金分类对比

6. 桥梁检修通道设置不完善，部分构件无法进行有效检查。 各桥型检修通道设置情况为：主梁内部的检修通道缺失较为严重，需进入主梁内部检查的桥梁 23 座，7 座主梁内部不可进入，其中 6 座梁桥、1 座斜拉桥。不能进入的原因主要为未设置人孔或人孔设计不合理，内部不可进入，造成主梁内病害情况未知，增加结构运营风险。具体如图 2-17 所示。

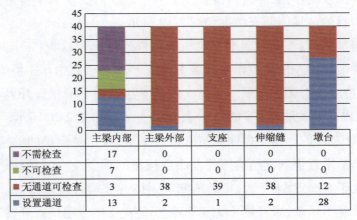

图 2-17 共有部位养护通道设置情况

各桥型特殊部位养护通道设置情况：桥塔外部及索结构一般无检修通道,对此结构的检查大多采用人工目检方式进行,不能满足桥塔检查的要求与深度,且无法满足维修需要。10座拱桥的拱上结构均可进行检查,大部分为拱肋自身或依附拱肋而建的附属结构,但检修通道通达的范围不够,不能覆盖所有的拱上结构,箱形拱桥、肋拱桥可借助桥梁检测车到达拱桥拱顶截面上缘位置及其附近下缘位置,拱脚至主拱圈1/4处均难以抵近检查。具体如图2-18所示。

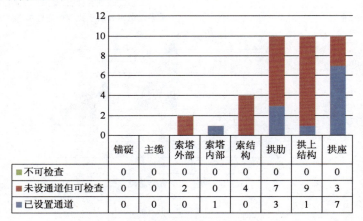

图2-18　特殊部位养护通道设置情况

7. 部分桥梁养护工作存在盲区。 2017年重点桥梁监测各桥型中,斜拉桥主要养护盲区：一是混凝土箱梁专项检测不足,未开展率超90%。部分养护单位在运营阶段偏重外观检查,忽视结构材质的专项检测。二是索塔及钢箱梁检查检测未开展率不足,未开展率分别为64%、78%。三是支座专项检查养护开展不力,未开展率超75%。开展率低显示出支座检查深度的不足,不进行滑板厚度测量难以对支座剩余寿命进行预判,难以达到预防性养护目的。具体调查情况如图2-19所示。

梁桥主要养护盲区：一是混凝土T梁桥为构件连接部位检查,未开展率接近70%。二是混凝土箱梁内部检查检测工作未开展率较高,为43%,其中6座桥梁因未设置进入箱梁内部通道,造成检查无法开展。三是支座及下部结构专项检查开展不足,未开展率为65%左右,难以达到预防性养护要求。具体调查情况如图2-20所示。

拱桥主要养护盲区：一是主拱圈的特殊检查不足,特别是钢拱肋的检查检测工作开展不力。管养单位未意识到钢结构焊缝及涂层检测的重要性。二是悬吊构件检查检测项目未开展率大于50%,吊杆(索)振动监测和索体开仓检查均未开展。三是盆式支座专项检查养护开展不乐观,未开展率大于70%。盆式支座专项检查开展普遍不力,应引起管养单位足够重视。具体调查情况如图2-21所示。

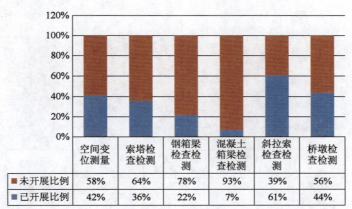

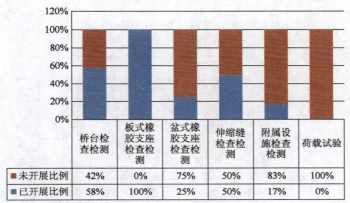

图 2-19　斜拉桥主要养护盲区调查情况

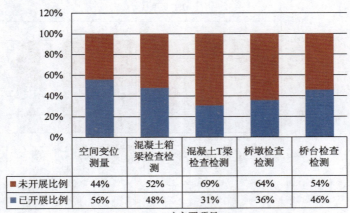

图 2-20

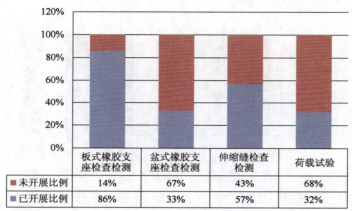

b) 一般项目

图 2-20　梁桥主要养护盲区调查情况

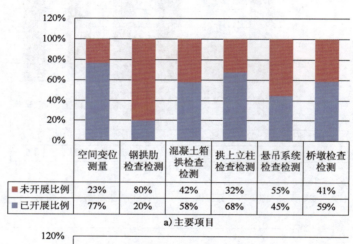

a) 主要项目

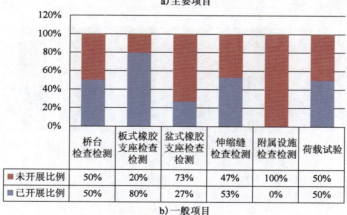

b) 一般项目

图 2-21　拱桥主要养护盲区调查情况

8. 绿色养护维修、可维修设计的理念贯彻不足。本年度监测桥梁中梁式桥和拱桥伸缩缝的使用寿命分别为10.1年和15年,支座的使用寿命分别为9.57年和14年,桥面铺装则为9.8年和12.8年。除拱桥伸缩缝外,以上数据均小于《公路桥涵设计通用规范》(JTG D60—2015)中对中栏杆、伸缩装置、支座规定的15年设计使用年限。养管单位对易损构件的预防性养护工作不到位,是构件寿命下降的重要原因。构件频繁更换造成社会资源的浪费,绿色养护维修理念贯彻不到位。

可维修设计理念未得到有效贯彻。40座重点监测桥梁主梁内部的检修通道缺失较为严重,缺失率达30%;拱桥的检查通道检查的范围和深度存在问题,不能覆盖所有的拱上结构,且主拱圈的下部均难以抵近检查。在设计过程中未考虑后期养护施工,增加了检修困难,影响养护工作效率。

(三) 2011—2017年重点监测桥梁技术状况和管养特征分析

根据2011—2017年度所抽检的280座重点监测桥梁的技术状况和养护管理情况分析,结果呈以下特征。

1. 东、中、西部地区桥梁技术状况呈依次递减趋势,东部最好,中部次之,西部明显偏低。2011—2017年度重点监测280座桥梁中,东部地区桥梁共103座。其中:1、2类桥梁77座(占74.8%),分布在1~3类的共98座(占95.2%),另有4类桥4座和未评定桥梁1座;中部地区桥梁共76座,其中,1、2类桥梁50座(占65.8%),分布在1~3类的共71座(占93.4%),另有4类桥3座和未评定桥梁2座;西部地区桥梁共101座,其中,1、2类桥梁64座(占63.4%),分布在1~3类的共92座(占91.1%),另有4类桥8座和未评定桥梁1座。详细数据见表2-7。

2011—2017年度东、中、西部地区桥梁技术状况水平统计表　　表2-7

桥梁技术状况	东部		中部		西部	
	数量(座)	比例(%)	数量(座)	比例(%)	数量(座)	比例(%)
1类	14	13.59	5	6.58	4	3.96
2类	63	61.17	45	59.21	60	59.41
3类	21	20.39	21	27.63	28	27.72
4类	4	3.88	3	3.95	8	7.92
未评定	1	0.97	2	2.63	1	0.99
1、2类桥梁合计	77	74.76	50	65.79	64	63.37

2. 收费公路的桥梁技术状况水平明显好于非收费公路的桥梁。2011—2017年度重点监测280座桥梁中,属于收费公路的桥梁共153座。其中:1、2类桥梁118座(占

77.1%),分布在1~3类的共152座(占99.4%),另有未评定桥梁1座,无4类桥;属于非收费公路的桥梁127座,其中1、2类桥梁73座(占57.5%),分布在1~3类的共109座(占85.8%),另有4类桥15座和未评定桥梁3座。详细数据见表2-8。

2011—2017年度不同收费性质公路的桥梁技术状况水平统计表　　　表2-8

桥梁技术状况	收费		非收费	
	数量(座)	比例(%)	数量(座)	比例(%)
1类	19	12.42	4	3.15
2类	99	64.71	69	54.33
3类	34	22.22	36	28.35
4类	0	0.00	15	11.81
未评定	1	0.65	3	2.36
1、2类桥梁合计	118	77.13	73	57.48

3. 桥梁管养单位的管理规范化程度逐步提高。尤其是在《交通运输部关于进一步加强公路桥梁养护管理的若干意见》(交公路发〔2013〕321号文)的指导和要求下,各地桥梁管理规范化工作得到了重视,并得到了较好的落实。通过2011—2017年部分养护管理工作抽查情况汇总分析,桥梁管养单位在桥梁检查与评定、养护人员培训、桥梁管理信息化建设等方面规范化管理水平逐步提高,但桥梁基础资料缺失、养护管理系统有效利用率低、安全保护区疏于管理、养护工程师任务重等问题仍普遍存在。2011—2017年度部分桥梁人员培训及演练、桥梁养护管理系统、安全保护区划定、养护工程师培训考核制度工作落实情况对比如图2-22所示。

4. 桥梁超负荷运行问题较为突出。近3年抽检的桥梁交通量总体呈增长态势,年均增长率为7.3%,超限超载治理工作压力增大。根据年度抽检桥梁的统计,2014—2017年平均超载率分别为8.17%、7.3%、6.96%、5.26%,呈微弱下降趋势,违法超限超载车辆上路上桥形势依然严峻。如2015年抽检桥梁中,江西墨山立交桥、湖北巴东长江大桥、福建江口特大桥超载率大于40%;2017年抽检桥梁中,东江大桥上存在100吨以上货车通行的情况(限载55吨),超载现象严重。

五、2017年重点隧道监测结果及特征分析

2017年交通运输部对10个省(区、市)的10座隧道进行了技术与安全状况抽检和巡查。其中:特长隧道4座,长隧道5座;按隧道建设年代分,隧龄15年以上的1座、隧龄10~15年的4座、隧龄5~10年的5座。

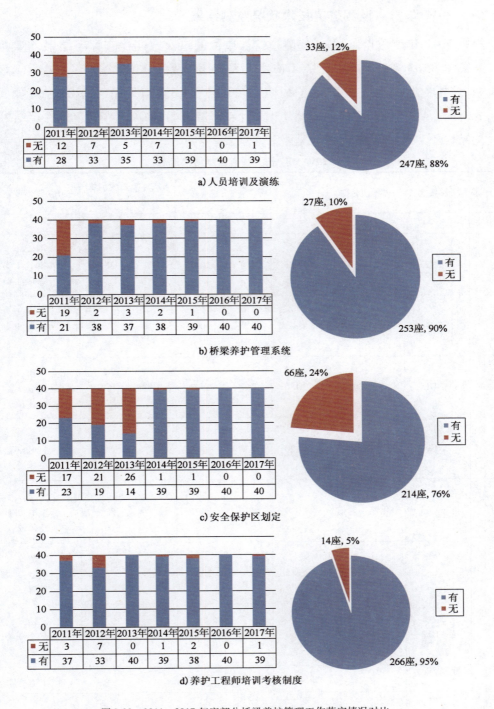

图 2-22 2011—2017 年度部分桥梁养护管理工作落实情况对比

(一)2017年重点监测隧道技术状况监测结果

根据2017年度重点监测10座隧道管养单位的末次定期检查评定结果,1类隧道3座(占30%),2类隧道4座(占40%),3类隧道2座(占20%),4类隧道1座(占10%)。经本次监测确认,1类隧道2座(占20%),2类隧道2座(占20%),3类隧道4座(占40%),4类隧道2座(占20%)。共计4座隧道(占40%)养管单位评定结果与本次监测结论不一致。总体技术状况评定详见表2-9。

2017年度长大隧道监测结果汇总　　　　　表2-9

序号	区域	路线名称	隧道名称	隧道长度(m)	所在省份	建成年份	末次评级(土建)	规范化评分	2017年度监测结果
全国	—	—	10座	—	—	—	—	73.75	—
1	东部	G22	城岭隧道	1 955	山东	2007	1类	88.4	土建:1类 机电:1类 总体:1类
2	东部	G40	上海长江隧道	8 894.48	上海	2009	1类	78.3	土建:1类 机电:1类 总体:1类
3	东部	G15	飞鸾岭隧道	3 180	福建	2002	2类	76.25	土建:2类 机电:2类 总体:2类
4	东部	G98	青岭隧道	1 140	海南	1998	4类	65.45	土建:3类 机电:3类 总体:3类
5	中部	G60	雪峰山隧道	7 039	湖南	2007	2类	82.5	土建:2类 机电:2类 总体:2类
6	中部	G55	仙神河隧道	1 455	河南	2008	3类	77	土建:3类 机电:2类 总体:3类
7	中部	G12	老爷岭隧道	2 360	吉林	2008	2类	72.15	土建:3类 机电:3类 总体:3类
8	西部	G75	新七道梁隧道	4 070	甘肃	2004	3类	70.25	土建:3类 机电:3类 总体:3类

续上表

序号	区域	路线名称	隧道名称	隧道长度(m)	所在省份	建成年份	末次评级(土建)	规范化评分	2017年度监测结果
9	西部	G6	福生庄隧道	1 569.5	内蒙古	2004	1类	67.25	土建:3类 机电:4类 总体:4类
10		G318	甲中西隧道	91	西藏	2004	2类	60	土建:4类 机电:无机电设施 总体:4类

注:本次监测采用新规范《公路隧道养护技术规范》(JTG H12—2015)对隧道土建结构、机电设施、其他工程设施及隧道总体技术状况进行评定,评定结果用1类、2类、3类、4类、5类表示(病害情况由轻到重)。

(二)2017年重点监测隧道技术状况和管养特征分析

1. 隧道技术状况总体良好。2017年度重点监测10座隧道中,其技术状况为1类隧道2座(占20%),2类隧道2座(占20%),3类隧道4座(占40%),4类隧道2座(占20%),较2016年度情况较好。具体如图2-23所示。

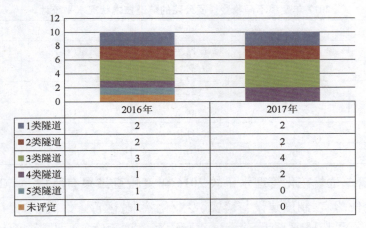

图2-23 受检隧道技术状况比例

其中,机电设施技术状况为1类的有2座,2类的共有3座,3类的共有3座,4类的1座,未有机电设施的1座。

2. 不同区域隧道技术状况存在一定差异,东部最好,中部次之,西部最差。按区域分,本次所抽检的10座隧道中,共认定1类、2类隧道共计4座,其中东部地区3座、中部地区1座。在东部地区抽检的4座隧道中,1类隧道占50%,2类隧道占25%,3类隧道占25%;在中部地区抽检的3座隧道中,2类隧道占33%、3类隧道占67%;而在西部地区抽检的3座隧道中,3类隧道占33%,4类隧道占67%。具体如图2-24所示。

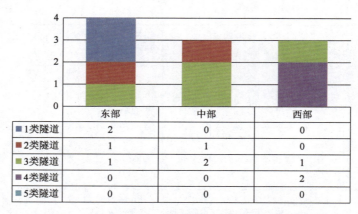

图 2-24　2017 年度东、中、西部地区隧道技术状况统计

3. 收费公路的隧道技术状况水平明显好于非收费公路的隧道。2017 年度重点监测 10 座隧道中,属于收费公路的隧道共 9 座,其中 1 类隧道 2 座(占 22.2%),2 类隧道 2 座(占 22.2%),3 类隧道 4 座(占 44.5%),4 类隧道 1 座(占 11.1%)。属于非收费公路的隧道共 1 座,该座隧道为 4 类隧道(占 100%)。详细数据见表 2-10。

2017 年度属不同收费性质公路的隧道技术状况水平统计　　　表 2-10

隧道技术状况	收费		非收费	
	数量(座)	比例(%)	数量(座)	比例(%)
1 类	2	22.2	0	0
2 类	2	22.2	0	0
3 类	4	44.5	0	0
4 类	1	11.1	1	100
5 类	0	0	0	0

4. 隧道养管单位规范化管理水平较 2016 年度检查结果有所提升。2017 年本次监测,根据管理责任落实、制度建设与落实、专业化管理、运营条件、技术资料管理、隧道检查与评定、功能维持与加固改造、隧道安全与应急管理、基础管理与养护技术、部交办工作完成情况等方面,进行隧道养护与运营安全管理规范化评分。10 座隧道中,评分结果大于 70 分的为 7 座,占 70%,较 2016 年度有所下降,如图 2-25 所示。其中,9 座经营性隧道评分大于 70 分的为 7 座,占 77.8%,比 2016 年度下降;1 座非经营性的西藏甲中西隧道评分 60 分。

5. 隧道检查与评定执行情况水平各异,存在检查项目不全、检查频率不够、检查资料记录不规范不详细、部分评定结论错误、对检查发现问题处理不及时等问题。抽检的 10 座隧道中,按《公路隧道养护技术规范》(JTG H12—2015)要求开展日常巡查、经常检查、定期检查、专项检查、应急检查的隧道分别为7座、3座、1座、7座、8座,占比分别为70%、30%、10%、7%、80%,如图2-26所示。其中,隧道定期检查的规范化程度最差,10座隧道的定期检查报告均存在或内容不满足规范要求、或深度不满足规范要求、或评定结论错误的问题,不能准确详细地掌握隧道关键技术状况。

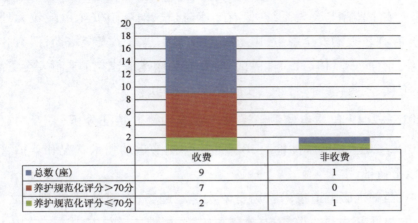

图2-25　2017年度隧道养护管理规范化评分情况

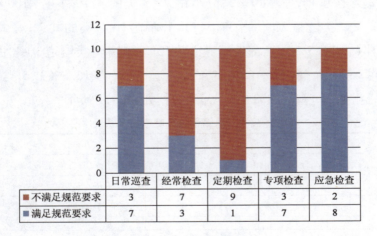

图2-26　隧道检查情况汇总

6. 应急处置方面总体情况良好,隧道信息化管理系统的及时性、实用性有待进一步提高,隧道预防性养护、养护科学决策整体较为滞后。 抽检的10座隧道中,均进行了应急预案编制且组织了人员培训和演练;有8座隧道建立并应用了养护管理系统,但存在系统数据更新不及时、实用性差、缺乏对养护数据的分析、应用、规范性差等问题;有7座隧道较好地进行了隧道预防性养护措施的探索;有9座隧道制定并进行了养护科学决策,但存在针对性差、数据采集及分析评定方法不明确、方案粗略等问题。

7. 安全隐患排查、通行安全管理措施方面总体情况较好,安全监测和预警方面检查结果一般,安全培训方面有待进一步加强。 抽检的10座隧道中,均高度重视安全隐患排查工作,及时进行安全隐患排查、落实专项资金、持续跟踪整改并进行总结分析,各受检隧道均制定有通行安全管理措施,相关措施齐全、程序规范;普遍能够根据隧道实际运营需求建立安全监测与预警系统,但有2座隧道未对隧道安全风险较大处实施安全监测与预警,存在较大的安全隐患;10座隧道均组织进行了安全培训,但有8座隧道存在培训内容不全面、不具体、针对性差的问题;有9座隧道建立了通行安全管理措施,但存在措施不全面、不具体、针对性差、实施效果差等问题。

(三)2015—2017年重点监测隧道技术状况和管养特征分析

根据2015—2017年度所抽检的30座重点监测隧道的技术状况和养护管理情况分析,结果呈以下特征。

1. 东、中、西部地区隧道技术状况呈依次递减趋势,东部最好,中部次之,西部明显偏低。 2015—2017年度重点监测30座隧道中,东部地区隧道共10座,其中1类隧道2座(占20%),2类隧道4座(占40%),分布在1~3类的共10座(占100%);中部地区隧道共8座,其中,2类隧道3座(占37.5%),分布在1~3类的共7座(占87.5%),另有4类隧道1座(占12.5%);西部地区隧道共12座,其中2类隧道3座(占25%),分布在1~3类的共8座(占66.67%),另有4类隧道2座(占16.7%)、5类隧道1座(占8.3%)和未评定隧道1座(占8.3%)。详细数据如表2-11所示。

2015—2017年度中、东、西部地区隧道技术状况水平统计　　表2-11

隧道技术状况	中部		东部		西部	
	数量(座)	比例(%)	数量(座)	比例(%)	数量(座)	比例(%)
1类	2	20	0	0	0	0
2类	4	40	3	37.5	3	25
3类	4	40	4	50	5	41.7
4类	0	0	1	12.5	2	16.7
5类	0	0	0	0	1	8.3
未评定	0	0	0	0	1	8.3
合计	10	100	8	100	12	100

2. 收费公路的隧道技术状况明显好于非收费公路的隧道。 2015—2017年度重点监测30座隧道中,属于收费公路的隧道共24座,其中,分布在1~3类的共22座(占91.7%),另有4类隧道2座;属于非收费公路的隧道共6座,其中,分布在1~3类的共

3座(占50%),另有4类隧道1座,5类隧道1座和未评定隧道1座。详细数据如表2-12所示。

2015—2017年度属不同收费性质公路的隧道技术状况水平统计　　表2-12

隧道技术状况	收费		非收费	
	数量(座)	比例(%)	数量(座)	比例(%)
1类	2	7.7	0	0
2类	7	27	2	33.3
3类	13	50	1	16.7
4类	2	7.7	1	16.7
5类	0	0	1	16.7
未评定	0	0	1	16.7
小计	24	100	6	100

六、2017年公路交通安全设施风险分析评估结果及特征分析

公路安全设施是保障交通安全,提升公路服务水平的重要设施,国省干线公路既有安全设施技术状况和安全设施设置完备情况是国省干线公路网监测工作的内容之一。从2016年度国省干线公路网路况检测项目开始,设立公路安全设施风险评估分项。

2017年继续对普通国道开展了公路安全设施风险分析评估工作,通过对河北、吉林、辽宁、山西、陕西5省受检的2500公里普通国道进行评估。结果显示,5省安全设施和指路标志基本符合现行标准规范和有关技术要求,评估路段公路风险综合分值处于中等水平,路侧防护率(按检测车辆行进方向)左侧分别为99.36%、99.83%、99.96%、99.66%和99.77%,右侧分别为97.66%、99.65%、99.96%、99.48%和99.6%。

第三章 全国干线公路网交通运行状况

一、全国干线公路网交通流量分析

(一) 全国交通量统计分析

根据全国交通情况调查系统统计,2017 年全国干线公路年平均日交通量❶为 14 446pcu/日,同比❷增长 9.3%。2013—2017 年度全国干线公路网交通量变化趋势如图 3-1 所示。

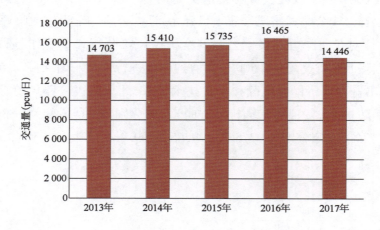

图 3-1　全国干线公路网 2013—2017 年平均日交通量趋势

2017 年,国道网机动车年平均日交通量为 13 916 辆,同比增长 8.9%,北京、天津、

---

❶ 交通量:指单位时间内通过公路某断面的车辆数。年平均日交通量,即一年的交通量除以一年的总日数。年平均日交通量反映了公路网总体交通量大小情况。pcu/日是交通流量的单位,表示所调查的各类车型折算成标准车(小客车)后的流量合计值。2016 年国道网调整,导致交通量值有所下降。

❷ 同比:为统一口径进行对比分析,有关公路交通流量数据的同期比较均按可比口径计算。

河北、上海、江苏、浙江、山东、河南、湖南和广东地区国道网的年平均日交通量均超过20 000辆;国道网平均行驶量❶为295 361万车公里,同比增长6.2%,其中广东、河南、浙江和山东的国道网日平均行驶量均超过15 000万车公里。其中,国家高速公路日平均交通量为26 328辆,日平均行驶量为127 600万车公里,同比分别增长10.5%、7.9%;普通国道日平均交通量为10 242辆,日平均行驶量为167 764万车公里,同比分别增长7.0%、4.5%。全国高速公路日平均交通量为26 265辆,日平均行驶量为154 695万车公里,同比分别增长12.7%、8.5%。

从空间分布看,国家高速公路网主通道中年平均日交通量较大的路段是沪昆高速公路(G60)上海段、京沪高速公路(G2)上海段和江苏段、京港澳高速公路(G4)北京段和广东段、沈海高速公路(G15)上海段、沪渝高速公路(G42)上海段等,重点城市群联络线及地区环线中年平均日交通量较大的路线是东佛高速公路(G9411)、常台高速公路(G15W)、广澳高速公路(G4W)、宁芜高速公路(G4211);年平均日交通量较小的国道路段主要分布在边疆地区的普通国道,如叶孜线(G219)西藏段、成那线(G317)西藏段等。

从时间分布看,全国干线公路网交通量月度变化特征明显:受春运影响,2、3月份交通量比1月有所回落,4月小幅回升后继续回落,从7月开始交通量稳步增长,8~10月份达到波峰,此后逐月回落。2017年全国干线公路网月度交通量变化情况如图3-2所示。

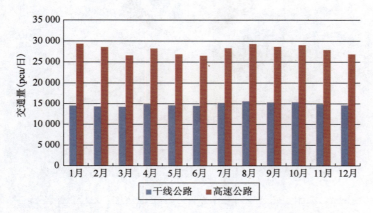

图3-2　全国干线公路网2017年月度交通量变化情况

---

❶ 行驶量:从2014年起,行驶量计算方法由"机动车当量数"与"公路总里程"的乘积调整为"机动车当量数"与"公路总观测里程"的乘积,计算单位:万车(pcu)·公里/日。

(二)区域交通量统计分析

全国各大区域路网交通量分布情况看,全国干线公路网交通量分布不均匀。其中,华南地区干线公路网年平均日交通量最大,为 24 546pcu/日;其次是华东地区,为 23 601pcu/日;年平均日交通量最小的区域是西南地区,仅为 7 353pcu/日。从路网交通承载分布情况看,路网密集的华东地区承担的行驶量占全国总量的 26.9%,其次是华中地区占全国总量的 17.6%,东北地区承担的行驶量占比最小均为 5.6%。交通量区域分布情况如图 3-3 所示,行驶量区域分布情况如图 3-4 所示。

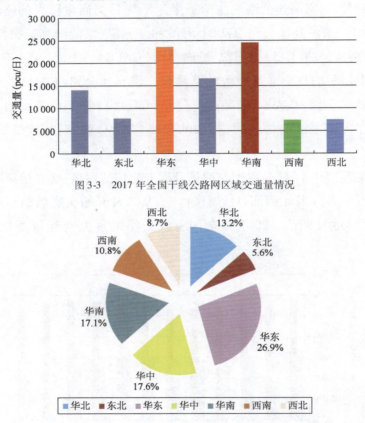

图 3-3　2017 年全国干线公路网区域交通量情况

图 3-4　2017 年全国干线公路网区域行驶量分布情况

从全国 31 个省(区、市)的交通量分布情况看,总体上分布差异较大,交通量规模与该地区经济发展水平、产业布局、所处地理位置有密切关系。2017 年干线路网年平均日交通量前 5 位的省份依次是上海、北京、广东、浙江、天津;后 5 位的省份依次是西藏、黑龙江、新疆、青海、甘肃。高速公路年平均日交通量前 5 位的省份依次是上海、北京、广东、浙江、江苏;后 5 位的省份依次是黑龙江、新疆、宁夏、甘肃、内蒙古。

全国各大区域路网交通量与行驶量的具体分布情况如下：

华北地区干线路网年平均日交通量为 14 074pcu/日，略高于全国平均水平，承担的行驶量为 39 113 万车(pcu)·公里/日，占全国总行驶量的 13.2%。与上年相比华北地区干线路网交通量基本持平，行驶量下降 4.5%。

东北地区干线路网年平均日交通量为 7 767pcu/日，与上年相比增长 4.4%，行驶量为 16 670 万车(pcu)·公里/日，与上年相比下降 6.3%，占全国总行驶量的 5.6%，占比略有下降。

华东地区干线路网年平均日交通量为 23 601pcu/日，是全国平均水平的 1.7 倍。与上年相比华东地区干线路网交通量增长较快，增长幅度达到 9.9%，行驶量为 79 455 万车(pcu)·公里/日，同比增长 7.5%。

华中地区干线路网年平均日交通量为 16 599pcu/日，高于全国平均水平，行驶量为 52 091 万车(pcu)·公里/日。与上年相比华中地区干线路网交通量增长较快，幅度达到 12.1%，行驶量增长 10.1%，占全国总行驶量的 17.6%。

华南地区干线路网年平均日交通量最大，达到 24 546pcu/日，是全国平均水平的 1.8 倍，行驶量仅次于华东地区，达到 50 441 万车(pcu)·公里/日。与上年相比华南地区干线路网交通量同比下降 0.4%，行驶量增长 9.7%。

西南地区干线路网年平均日交通量为 7 353pcu/日，行驶量 31 976 万车(pcu)·公里/日，占全国行驶量的 10.8%。与上年相比西南地区干线路网交通量增长 7.0%，行驶量增长 0.7%。

西北地区干线路网年平均日交通量最低，为 7 453pcu/日，行驶量 25 743 万车(pcu)·公里/日，占全国行驶量的 8.7%。与上年相比西北地区干线路网交通量增长 8.1%，行驶量增长 4.4%。

二、全国干线公路网拥挤程度分析

(一)全国路网拥堵情况分析

2017 年全国干线公路网拥挤度[1]为 18.0%，同比增长 2 个百分点，高速公路网和普通国道网的拥挤度分别为 9.9% 和 20.9%。其中，高速公路处于"畅通"和"基本畅通"状态的里程比例为 82.9%，同比下降 5 个百分点，"严重拥堵"状态的里程比例为

---

[1] 路网拥挤度：指路网中处于中度拥堵和严重拥堵状态的路段里程占路网总里程的百分比。本报告中路网拥挤度划分标准为：<11% 畅通，[11%,19%) 基本畅通，[19%,28%) 轻度拥堵，[28%,36%) 中度拥堵，≥36% 严重拥堵。

3.1%;普通公路处于"畅通"和"基本畅通"状态的里程比例为67.9%,"严重拥堵"状态的里程比例为8.6%,与上年基本持平。具体分布情况如图3-5所示。

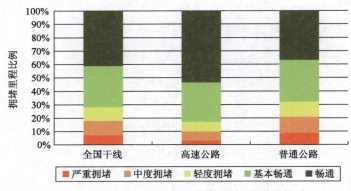

图3-5　2017年全国干线路网不同等级路网拥挤度情况

从路网空间分布看,国家高速公路拥堵的路段主要分布在沪昆高速公路(G60)上海段、京港澳高速公路(G4)湖南段、京沪高速公路(G2)江苏、河北段等路段。普通国道拥堵路段主要分布在京津冀、长三角、珠三角等经济发达地区。

从时间分布看,全国干线公路网月平均路网拥挤度处于"基本畅通"状态,比上年拥挤程度略有增加。其中,4～10月拥堵程度较高。全国干线公路网月平均路网拥挤度如图3-6所示,月度运行状态比例如图3-7所示。

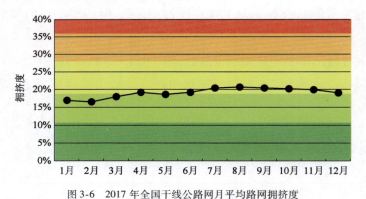

图3-6　2017年全国干线公路网月平均路网拥挤度

(二)区域路网拥堵情况分析

全国干线公路网各大区域间的拥挤程度差异较大。其中,华南地区路网最为拥堵,拥挤度达28.7%,比去年有所下降;东北、西北地区路网较为畅通,拥挤度分别为11.6%和6.7%。与2016年相比,华东、西南地区路网拥堵情况继续加剧,华北拥挤情况与去年基本持平,华中地区拥挤度有所好转,下降2%。具体如图3-8所示。

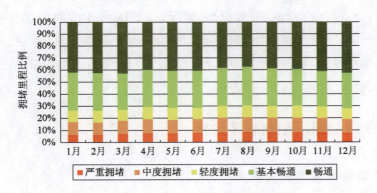

图 3-7 2017 年全国干线路网月度运行状态比例

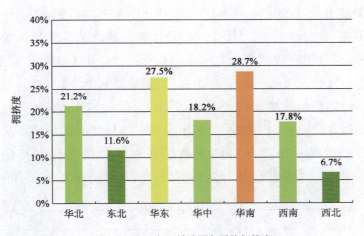

图 3-8 2017 年区域路网年平均拥挤度

根据近三年各大区域路网拥挤度年度变化情况分析,华南地区的路网拥挤度始终处于全国高位。华北、东北、华东地区路网拥挤度呈逐年递增趋势;西南地区拥挤度小幅下降,华中、西北地区基本持平。具体情况如图3-9所示。

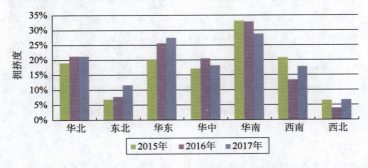

图 3-9 2015—2017 年各区域路网年平均拥挤度变化

从全国 31 个省(区、市)的拥挤度分布情况看,2016 年干线路网拥挤度较高省份依次是上海、广东、北京、天津、浙江;拥挤度较小省份依次是黑龙江、新疆、青海、甘肃、吉林。高速公路拥挤度较高省份依次是上海、北京、广东、浙江、四川;拥挤度较小的省份依次是黑龙江、新疆、甘肃、内蒙古、吉林。

三、全国干线公路网阻断事件分析

(一)阻断事件基本情况分析

自 2011 年以来,公路交通阻断信息报送数量与质量逐年提升,基本反映了全国干线公路网重大突发事件及严重阻断事件的时空分布情况。根据 2017 年全国公路交通阻断信息报送不完全统计(7~12 月由于"交通运输部路况信息管理系统"升级改造,期间采用人工报送,导致报送数据不全),全国 31 个省(区、市)累计报送各类阻断事件❶共计 47 124 起,同比增长 6.74%,累计公路阻断里程约 82.12 万公里,同比减少 18.75%,累计公路阻断持续时间约 133.18 万小时,同比减少 69.58%。阻断事件数量增加,显示路网运行压力进一步加重,阻断里程和阻断持续时间的减少表明阻断事件影响程度有所减轻。2009—2017 年公路交通阻断事件数量变化趋势如图 3-10 所示,2012—2017 年公路交通阻断事件累计阻断里程和阻断时间如图 3-11 和图 3-12 所示。

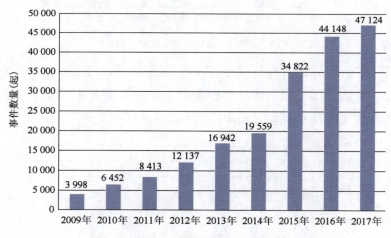

图 3-10　公路交通阻断事件数量历年变化趋势

---

❶　阻断事件:指根据《交通运输部阻断信息报送制度》中规定的计划性施工养护以及突发性自然灾害、事故灾难、恶劣天气等引发的严重公路交通阻断或拥堵事件,其数据报送数量和质量受各省重视程度和开展工作情况影响较大。

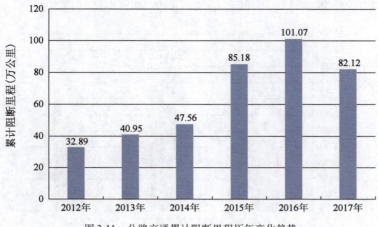

图 3-11 公路交通累计阻断里程历年变化趋势

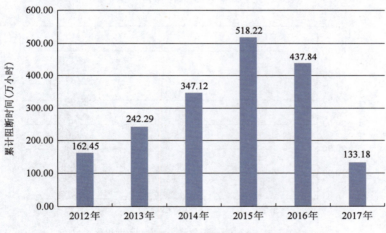

图 3-12 公路交通累计阻断时间历年变化趋势

（二）阻断事件时间分布

从阻断事件时间分布情况看，季节性变化特征明显，春季阻断事件最少，夏季、秋季逐渐增多，冬季为公路交通阻断事件多发期。

夏季、秋季汛期降雨较为频繁，冬季主要是冰冻雨雪及大雾等恶劣天气造成的公路封闭事件，其中交通运输部发布重大公路气象预警 42 期，其中大雾预警 18 期，暴雨预警 13 期，台风预警 8 期，暴雪预警 3 期；北京市共发布暴雨预警信息 12 次。

（三）阻断事件空间分布

1. 东、中、西部分布分析

从空间分布来看，西部地区由于地震、降雨等自然灾害频发造成阻断事件数量最多,相应的阻断里程和阻断持续时间也最长。具体如图 3-13 ~ 图 3-15 所示。

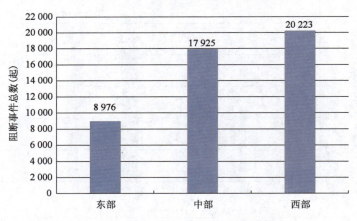

图 3-13　东、中、西部公路交通阻断事件数

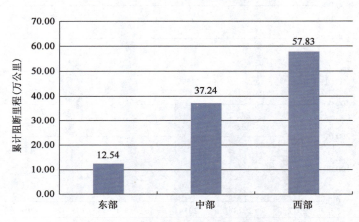

图 3-14　东、中、西部公路交通累计阻断里程

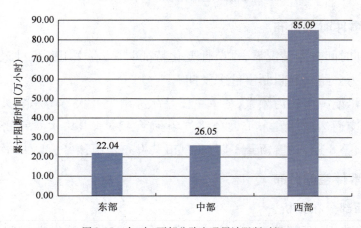

图 3-15　东、中、西部公路交通累计阻断时间

对比2016年,西部地区阻断事件数量增加5284起,同比增长35.37%,东部地区阻断事件数量减少2695起,同比减少23.09%。东、中、西部阻断事件数量呈现逐年增加趋势;相应地造成西部地区累计阻断里程增加,东部、中部累计阻断里程均有所减少;近三年东、中、西部的阻断持续时间均呈减少趋势。具体情况如图3-16~图3-18所示。

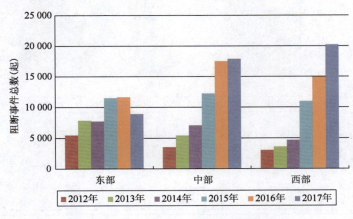

图3-16 东、中、西部公路阻断事件数量变化情况

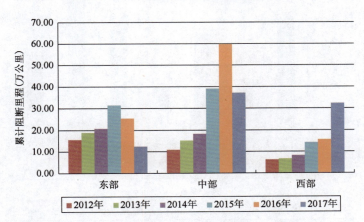

图3-17 东、中、西部公路交通累计阻断里程变化情况

2. 区域分布分析

从区域分布情况看,西南地区发生阻断事件最多,达14 612起,占全国阻断总数的31%,相应造成的阻断里程累计最长,占全国的13%,阻断持续时间占全国的25%,显示西南地区路网运行压力较大。

西北地区阻断事件最少,仅为4 407起,占全国阻断总数的9%,然而由此造成的阻断累计里程和持续时间都是最长,分别占全国的25%和33%,表明西北地区阻断的影响程度较为严重。具体如图3-19~图3-21所示。

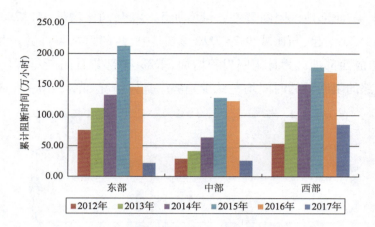

图 3-18　东、中、西部公路交通阻断持续时间里程变化情况

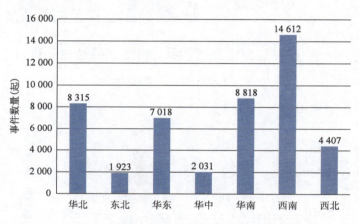

图 3-19　各地区公路交通阻断事件数

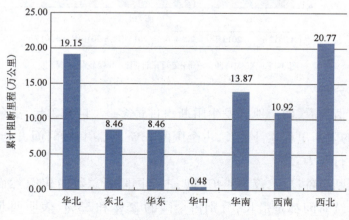

图 3-20　各地区公路交通累计阻断里程

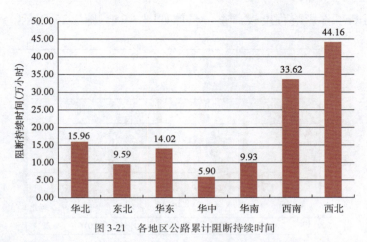

图 3-21 各地区公路累计阻断持续时间

对比 2016 年,华北、东北、华东地区的阻断事件数量减少,累计阻断里程、阻断持续时间均减低,显示该区域路网运行压力有所减缓,阻断影响程度有所减轻;而华南、西南阻断事件数量增加,累计阻断里程、阻断持续时间均延长,显示该区域路网运行压力进一步加剧,阻断影响程度有所加重。具体如图 3-22 ~ 图 3-24 所示。

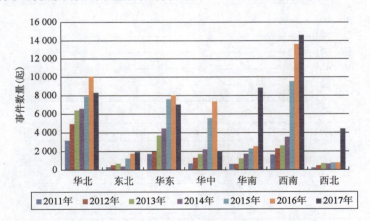

图 3-22 2011—2017 年各地区公路累计阻断事件变化图

3. 通道分布分析

从主要运输通道❶来看,连霍通道阻断事件数量最多,达 1 074 起,由此造成累计阻断里程和阻断持续时间也最长,分别为 2.90 万公里和 21.76 万小时,表明连霍通道运行压力较大,阻断事件影响程度较严重。长深通道阻断事件数量和累计阻断里程都是最少,仅为 202 起和 0.86 万公里,而造成持续累计时间高达 1.09 万小时,表明长深通道运

---

❶ 主要运输通道:指全国干线公路网中承担重要运输功能,且交通流量大、阻断拥堵情况突出的代表性通道,包括高速公路及与之平行的国道。

行压力较小,阻断事件影响程度较严重。具体如图 3-25 ~ 图 3-27 所示。

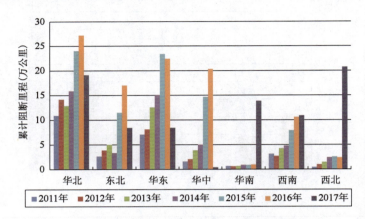

图 3-23　2011—2017 年各地区公路累计阻断里程变化图

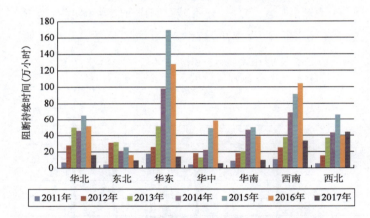

图 3-24　2011—2017 年各地区公路阻断持续时间变化图

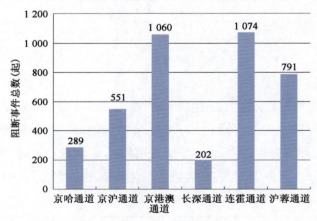

图 3-25　部分运输通道阻断事件数量

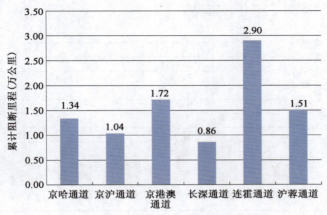

图 3-26　部分运输通道阻断事件阻断里程数据

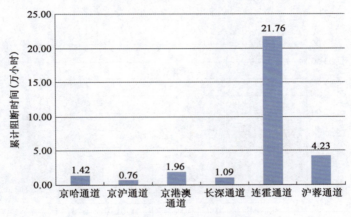

图 3-27　部分运输通道阻断事件持续时间

对比 2016 年,除连霍通道阻断事件数量和累计阻断里程增加外,其他 5 条通道均减少。连霍通道阻断事件数量增加 487 起,同比增加 82.96%,累计阻断里程基本持平,阻断持续时间增加 15.75 万小时,表明连霍通道运行压力增大,阻断事件影响程度加重。沪蓉通道阻断事件数量减少 772 起,同比减少 49.39%,累计阻断里程减少 0.46 万公里,同比减少 23.20%,阻断持续时间增加 10.12 万小时,同比减少 70.53%,表明沪蓉通道运行压力减小,阻断事件影响程度有所减轻。具体如图 3-28 ~ 图 3-30 所示。

4. 省域分布分析

从省域分布情况看,重庆报送的公路阻断事件最多,为 11 994 起,全国阻断事件数量超过 1 000 起的省(区、市)有 13 个,相比 2016 年有所增加;新疆报送的累计阻断里程最多,为 20.77 万公里,全国超过 1 万公里的省(区、市)有 15 个,相比 2016 年显著减轻。甘肃报送的阻断持续时间最长,为 40.12 万小时,全国超过 2 万小时的省(区、市)有 15

个,相比 2016 年显著减轻。具体情况见表 3-1。

图 3-28 主要运输通道阻断事件变化情况

图 3-29 主要运输通道阻断事件累计阻断里程变化情况

图 3-30 主要运输通道阻断事件持续时间变化情况

各省(区、市)阻断事件总体情况　　　　　　　　　表 3-1

序号	阻断事件总数超过 1 000 起的省(区、市)	累计阻断里程超过 1 万公里的省(区、市)	阻断持续时间超过 2 万小时的省(区、市)
1	重庆/11 994 起	新疆/20.77 万公里	甘肃/40.12 万小时
2	河南/5 805 起	山西/12.90 万公里	重庆/22.43 万小时
3	山西/4 046 起	河南/10.58 万公里	四川/8.15 万小时
4	江西/3 140 起	黑龙江/5.82 万公里	山西/6.32 万小时
5	北京/2 873 起	重庆/4.62 万公里	江苏/5.46 万小时
6	陕西/2 262 起	四川/4.30 万公里	内蒙古/5.34 万小时
7	江苏/2 161 起	河北/2.96 万公里	辽宁/4.67 万小时
8	湖南/1 975 起	江苏/2.65 万公里	黑龙江/4.49 万小时
9	四川/1 882 起	山东/2.59 万公里	河南/3.99 万小时
10	黑龙江/1 430 起	江西/2.54 万公里	江西/3.71 万小时
11	甘肃/1 290 起	湖北/2.34 万公里	广东/3.18 万小时
12	广东/1 105 起	甘肃/1.97 万公里	湖北/3.16 万小时
13	湖北/1 038 起	贵州/1.88 万公里	湖南/2.78 万小时
14	—	吉林/1.82 万公里	云南/2.64 万小时
15	—	天津/1.78 万公里	陕西/2.36 万小时

(四)阻断事件成因分析

阻断事件中,因突发性原因(自然灾害、事故灾难、恶劣天气、其他)造成的达 39 301 起,占总数的 83.40%;因计划性原因(施工养护、重大社会活动、其他)造成的达 7 823 起,占总数的 16.60%;突发性阻断事件依然是造成公路交通阻断的主要原因,且所占比例进一步加大。2012—2017 年公路交通阻断事件成因变化趋势如图 3-31 所示。

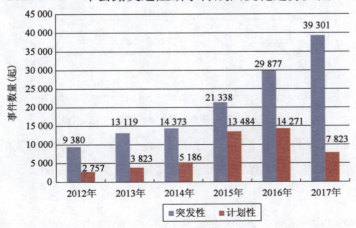

图 3-31　2012—2017 年公路交通阻断事件成因历年变化趋势

因地质灾害和恶劣天气(如四川九寨沟发生地震、多地汛期降雨频发等)引发的阻断事件,占全部的 29.71%;因事故灾害(车辆故障、车辆交通事故和危险品泄漏)引发的阻断事件占全部的 41.83%。具体如图 3-32 所示。

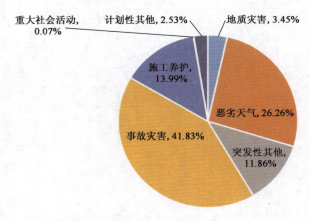

图 3-32　阻断事件主要成因分布

(五)阻断事件特性分析

2017 年,全国干线公路网阻断严重情况有所缓解,主要指标中事件严重程度❶达到 101.33 万公里·天,同比减少 64.78%。具体如图 3-33 所示。

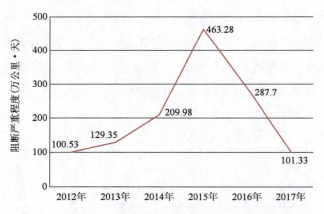

图 3-33　2012—2016 年全国阻断事件阻断特性数据对比

从各省域阻断事件严重程度分析,甘肃、黑龙江、湖北、青海、福建的阻断严重程度有所增加,其他省(区、市)的阻断严重程度均所有减轻。具体如图 3-34、表 3-2 所示。

---

❶　阻断事件严重程度:指区域路网中路段的阻断里程与阻断时间乘积之和,单位为万公里·天。阻断严重度是反映公路网阻断事件严重程度及造成损失的指标,反映了公路网阻断事件带来的损失情况,数值越大,说明损失越高。

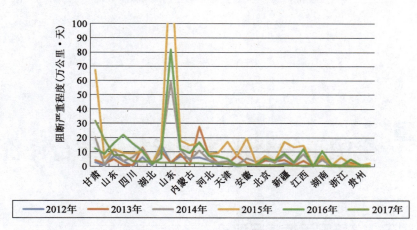

图 3-34 2012—2017 年全国公路交通阻断严重程度变化图

省域公路阻断事件严重度情况 表 3-2

序号	省 份	阻断事件严重度(万公里·天)	严 重 程 度
1	甘肃	31.51	较高
2	黑龙江	18.85	较高
3	山西	7.70	较高
4	河南	7.50	较高
5	四川	3.38	较高
6	江苏	3.20	较高
7	湖北	3.07	较高
8	辽宁	2.50	较高
9	山东	2.44	较高
10	重庆	2.19	较高

第四章 全国干线公路网运行状况综合评价

一、全国干线公路网运行状况评价

根据 2017 年度全国干线公路网基础设施运行状况和交通运行状况综合评价分析，2017 年全国干线公路网综合运行指数为 60，达到良等水平，同比往年持续提升。其中，全国干线公路网技术状况为良等水平，同比 2016 年略有下降；阻断严重程度处于较高水平，同比 2016 年大幅下降；路网拥挤度处于基本畅通水平，同比 2016 年明显增长。2017 年全国干线公路网运行状况评价结果及与往年对比情况如表 4-1 所示。

全国干线公路网运行状况评价结果　　　　表 4-1

年份	技术状况		阻断率（%）	拥挤度（%）	路网综合运行指数
	DR（%）	IRI（m/km）			
2013 年	2.91	2.72	0.72	17.0	58
2014 年	4.74	2.71	1.15	16.2	54
2015 年	2.30	2.58	2.46	17.0	53
2016 年	2.02	2.13	1.18	16.00	58
2017 年	2.52	2.08	0.62	18.0	60

近 5 年全国干线公路网技术状况均处于良等水平，2013—2014 年呈逐年下降趋势，2015 年明显回升，接近优等水平，之后又逐年小幅下降。

近 5 年全国干线公路网拥挤程度均处于基本畅通水平，且呈现小幅波动态势，2013 年和 2015 年拥挤度较高，2014 年和 2016 年拥挤度较低，2017 年拥堵度增长明显，升至近 5 年最高水平。货车比例呈现逐年下降趋势。

近 5 年全国干线公路网阻断程度持续位于较高水平，且呈现"单峰"态势，2013—2015 年阻断率快速增长，2015 年达到最高，之后阻断率快速下降，2017 年阻断率较低。

综合分析近 5 年全国干线公路网运行态势，总体呈现"单谷"态势，2013—2016 年全国干线公路网综合运行指数均处于中等偏上水平,其中,2013—2015年全国干线公路网综合运行指数逐年下降,2015年达到最低,之后逐年增长,2017年达到良等水平,为近5年最高水平。

二、区域路网运行状况评价

2017年,全国东、中、西部地区路网综合运行指数分别为60、55和60。东部地区和西部地区路网运行状况较好,达到良等水平,中部地区路网运行状况处于中等偏上水平。

东部地区路网技术状况同比2016年略有提升,处于优等水平;拥挤度同比2016年略有提升,达到中度拥堵水平;阻断严重程度同比2016年大幅下降,处于中等水平。

中部地区路网技术状况与2016年基本持平,保持在良等水平;拥挤度处于轻度拥堵水平,同比2016年大幅增长;阻断严重程度处于较高水平,与往年基本持平。

西部地区路网技术状况同比2016年略有下降,保持在良等水平;拥挤度保持在基本畅通水平;阻断严重程度处于较高水平,同比往年持续下降。

2017年东、中、西部地区公路网运行状况评价结果及与往年对比情况如表4-2所示。

东、中、西部路网运行状况评价结果汇总表　　表4-2

年份	区域路网	技术状况		阻断率（%）	拥挤度（%）	路网综合运行指数	评价等级
		DR(%)	IRI(m/km)				
2013年	东部	1.15	2.00	0.87	24.5	56	中上
	中部	3.72	2.85	0.42	16.5	65	良
	西部	3.38	3.02	0.91	15.0	56	中上
2014年	东部	3.06	2.30	2.01	24.1	49	中下
	中部	5.26	3.00	0.64	12.3	58	中上
	西部	5.23	2.72	0.96	13.2	56	中上
2015年	东部	0.85	2.05	4.40	24.5	45	中下
	中部	2.62	2.98	1.20	12.7	58	中上
	西部	3.29	2.69	2.30	14.6	53	中上
2016年	东部	0.87	1.74	2.2	28.1	48	中下
	中部	2.21	2.24	1.0	8.6	61	良
	西部	2.65	2.32	0.9	18.5	57	中上

续上表

年份	区域路网	技术状况		阻断率（%）	拥挤度（%）	路网综合运行指数	评价等级
		DR(%)	IRI(m/km)				
2017年	东部	0.71	1.66	0.5	28.35	60	良
	中部	3.32	2.13	1.06	19.25	55	中上
	西部	3.15	2.30	0.78	12.01	60	良

三、主要运输通道运行状况评价

2017年，根据对京哈、京沪、京港澳、长深、连霍、沪蓉6条主要运输通道的运行指数分析，长深高速、京港澳和沪蓉通道中的普通公路处于优等水平，京沪高速处于中等水平，其他通道的运行状况均处于良等水平。

从技术状况单项指标分析，所有通道的公路技术状况均达到优等或良等水平。其中，所有通道的高速公路技术状况均为优等，京哈、京港澳、长深和连霍通道中的普通公路技术状况为良等，京哈、京港澳和长深通道中的普通公路技术状况较去年持续下降，连霍通道中的普通公路技术状况较去年有所上升。从2013—2017年各条通道的技术状况发展态势来看，6条主要运输通道中的高速公路技术状况波动不大，京哈通道普通公路的技术状况降至5年来的最低值。从6条通道技术状况的空间分布看，京哈通道的G102河北段、京沪通道的G205山东段、长深通道的G205山东段和沪蓉通道的G318重庆段由2016年的良等提升为优等水平。京哈通道的G102吉林段由2016年的中等提升至良等水平，连霍通道的G312新疆段2017年大幅提高。京哈通道的G102黑龙江段从2016年的良等下降为中等水平，长深通道的G205广东段、连霍通道的G310河南段从2016年的优等下降为良等水平。京哈通道的G102辽宁段、长深通道的G101辽宁段技术状况连续三年持续大幅下降，沪蓉通道的G312江苏段技术状况下降明显。

从拥挤程度单项指标分析，6条通道的货车比例均较高，6条主要运输通道的拥挤程度与2016年相比略有上升，货车比例整体上与2016年持平，其中京哈通道的高速公路货车比例较去年下降至44%，沪蓉通道的货车比例相对较低。京哈通道的拥挤程度较2016年有所缓解，京港澳通道的拥挤程度依旧相对较高，达到中度拥堵水平，京沪通道的高速公路拥挤程度从2015年开始，连续三年持续提高，至2017年已达到严重拥堵水平。长深、连霍和沪蓉通道的拥挤程度相对较低，均处于基本畅通水平，但沪蓉通道的高速公路拥挤程度有加剧趋势。从6条通道拥挤程度的空间分布看，局部路段拥挤度很高，京哈通道的G102天津段和河北段，京沪通道的G2江苏段和上海段、G104北京段、G312 上海段,京港澳通道的 G4 北京段,长深通道的 G205 广东段,沪蓉通道的 G312 上海段达到严重拥堵水平。以上局部拥堵路段的严重拥堵状况已至少持续 2~3 年,其中京沪通道的 G104 北京段和 G312 上海段、京港澳通道的 G4 北京段、长深通道的 G205 广东段和沪蓉通道的 G312 上海段严重拥堵状况已持续 5 年。

从阻断程度单项指标分析,2017 年 6 条主要运输通道的高速公路阻断严重程度(包括阻断里程和阻断时间)均较高,阻断率均在中等以上,但同比往年下降幅度较大。通道中普通公路的阻断严重程度也有大幅下降。从 6 条通道阻断情况的空间分布看,连霍通道的 G30 甘肃段和 G312 甘肃段阻断严重程度很高,京哈通道的 G1 北京段和黑龙江段、G102 天津段,京沪通道的 G2 北京段,京港澳通道的 G4 北京段,沪蓉通道的 G42 重庆段和 G312 江苏段阻断程度显著下降。

2013—2017 年 6 条主要运输通道运行状况评价结果汇总表如表 4-3 所示。

主要运输通道运行状况评价结果汇总表　　　表 4-3

通道		通道运行指数				
		2013 年	2014 年	2015 年	2016 年	2017 年
京哈通道	高速公路	3.38	3.30	3.43	3.40	3.62
	普通公路	3.89	3.21	3.17	2.97	3.57
京沪通道	高速公路	3.20	3.03	3.53	3.02	2.88
	普通公路	3.41	3.92	3.24	3.02	3.7
京港澳通道	高速公路	3.47	3.31	3.28	3.15	3.18
	普通公路	3.31	3.53	3.65	3.03	4.11
长深通道	高速公路	4.14	3.97	3.92	3.98	4.04
	普通公路	3.71	3.68	3.29	3.16	3.7
连霍通道	高速公路	3.89	3.89	3.92	4.03	3.74
	普通公路	3.93	3.22	3.46	3.54	3.17
沪蓉通道	高速公路	3.94	3.74	3.68	3.61	3.53
	普通公路	3.46	3.77	3.80	3.59	4.18

四、重点城市出入口运行状况评价

2017 年,北京、天津、上海、重庆、南京、杭州、广州、武汉、西安和成都等 10 个重点城市出入口公路运行状况的分析情况如表 4-4 所示。

表 4-4

重点城市出入口运行状况评价结果汇总表

序号	城市	出入口	阻断情况		年平均日交通量（自然量/日）		拥挤情况	
			累计阻断时间(d)	阻断事件特征	入城	出城	交通量空间分布特征	拥挤度空间分布特征
1	北京	G1 白鹿站	7.80	突发性阻断事件占全年阻断事件98%，其中，车流量最大是造成阻断的最主要原因。汛期降雨频繁，对道路通行造成较大影响	29 537	30 587	北京市主要进出城流量比去年减少3%。交通量最大的是G102 白庙断面出城方向。与上年相比，G107 琉璃河断面出城方向、G104 德茂庄断面出城出、人城方向交通量分别下降24%、28%，其他断面交通量均略有减小	北京市主要运输通道进出口中，G102 白庙断面、G107 严重拥堵，G104 玻璃河断面和 G104 德茂庄断面双向拥堵，G4 玻璃河断面出城方向、G1 白鹿断面双向和 G2 白庙出城方向中度拥堵，G2 白庙站出城和 G4 人城方向轻度拥堵。与上年相比，各出人口拥堵程度与上年相比基本持平或略有减缓
		G102 白庙站	0.64		28 854	33 046		
		G2 大羊坊站	51.09		29 711	28 859		
		G104 德茂庄南站	—		10 122	9 824		
		G4 杜家坎	37.88		14 899	28 329		
		G107 琉璃河站	—		9 839	9 232		

续上表

序号	城市	出入口	阻断情况		年平均日交通量（自然量/日）		拥挤情况	
			累计阻断时间(h)	阻断事件特征	入城	出城	交通量空间分布特征	拥挤度空间分布特征
2	天津	G2泗村店站	—	未上报阻断事件	5 279	4 991	天津市主要进出口断面出城方向交通量比去年增长13%。其中G2九宣闸断面出城方向交通量最大，达到17 488辆/日，G2泗村店断面交通量最小。与上年相比，G18霍庄子断面出城方向流量，G25宁河断面流量，G2泗村店断面流量增长均大于10%。G2泗村店断面流量有所减小	天津主要运输通道进出口中，G18津冀收费站双向均严重拥堵，G112王庆坨、西堤头双向站双向为中度拥堵，G25宁河收费站双向，C2九宣闸双向轻度拥堵，G2泗村店基本畅通，其余路段双向均为畅通或基本畅通。与上年相比，G2九宣闸双向拥堵情况略有增加，其余路段拥堵程度与上年基本持平
		G2九宣闸站	—		16 967	17 488		
		G18霍庄子站	—		13 050	12 514		
		G18冀津站	—		14 570	14 614		
		G25宁河站	—		17 221	16 702		

续上表

序号	城市	出入口	阻断情况		年平均日交通量（自然量/日）		拥挤情况	
			累计阻断时间(h)	阻断事件特征	入城	出城	交通量空间分布特征	拥挤度空间分布特征
3	上海	G2 安亭	—	未上报阻断事件	52 639	52 122	上海市主要进出口流量较上年增加7%。交通量最大的是G2安亭断面，出入城方向平均流量大于52 000辆/日，最小的是G318西岑断面，出入城方向流量约4 300辆/日。与上年相比，G320亭枫断面入城方向流量增长很快；C204葛隆断面流量，G318西岑断面流量均较上年均高于10%，其余断面流量增长或基本持平	上海市主要运输通道进出口中，G2安亭断面双向，G50枫泾断面入城方向，G15朱桥断面双向和G204葛隆断面入城方向，G312断面入城方向为中度拥挤或严重拥堵，其他断面进出城方向基本畅通或畅通。与上年相比，G60枫泾断面基本畅通。与上年相比，G60枫泾断面入城方向，C204葛隆断面出城方面，G320亭枫人城方向，G312曹安入城方向拥堵情况有所好转，G204曹安人城段拥堵程度与上年基本持平
		G50 汾湖	—		10 889	11 345		
		G60 枫泾	—		34 430	35 275		
		G15 朱桥	—		43 134	43 587		
		G15 金山卫	—		8 518	8 433		
		G204 葛隆	—		15 677	7 652		
		G312 曹安	—		12 300	6 798		
		G318 西岑	—		3 855	4 889		
		G320 亭枫	—		13 631	3 125		

· 56 ·

续上表

序号	城市	出入口	阻断情况		年平均日交通量（自然量/日）		拥挤情况	
			累计阻断时间(h)	阻断事件特征	入城	出城	交通量空间分布特征	拥挤度空间分布特征
4	重庆	G50 江北	—	突发性阻断事件较去年同期上升33.51%。其中，故障车占道引发的阻断事件较去年同期增长55.07%，地质灾害引发的阻断事件较去年同期增长140.48%。灾害天气引发的阻断事件较去年同期减少11.76%	13 792	14 044	重庆市主要进出口流量较上年增长7%。交通量最大的是G85 九龙坡断面，出入城方向流量均超过20 000辆/日。与上年相比，G65 巴南，G50 江北，G85 九龙坡人城方向交通量增长约10%，出城交通量与去年基本持平	G85 九龙断面出城方向达到严重拥堵，人城方向中度拥堵，其余断面轻度拥堵。与上年相比，各出入口拥堵情况略有加剧
		G65 巴南	1 170.42		14 825	14 586		
		G85 九龙坡	—		23 039	22 444		

续上表

序号	城市	出入口	阻断情况		年平均日交通量（自然量/日）		拥挤情况	
			累计阻断时间(h)	阻断事件特征	入城	出城	交通量空间分布特征	拥挤度空间分布特征
5	南京	G36 南京长江二桥	—	未上报阻断事件	41 367	41 352	南京市主要进出口流量比上年增长11%。其中，G104花旗断面流量增长较快；G2501南京长江四桥断面流量，G312浦珠，G312星甸站较上年增长均大于20%。交通量最大的是G36南京长江二桥断面，出入城方向流量均超到40 000辆/日，最小的是G312星甸收费站流量约为11 300辆/日	G104花旗断面双向达到重度拥堵，G36南京长江二桥断面双向，G312浦珠断面双向中度拥堵程度，G42马群拥苏浙出城方向均达到中度拥堵程度，G25苏浙入城方向为轻度拥堵主线断面双向，G25苏浙入城方向进出城基本畅通。与上年相比，G36南京长江二桥断面，G104花旗断面双向拥堵情况有所加剧，G25苏浙拥堵情况有所好转
		G2501 南京长江三桥	—		18 769	18 367		
		G2501 南京长江四桥	—		17 754	17 560		
		G42 马群主线站	—		28 511	30 035		
		G25 苏浙主线站	—		18 345	18 596		
		G104 花旗交调点	—		15 184	12 973		
		G312 浦珠交调点	—		16 915	18 144		
		G312 星甸收费站	—		11 320	11 337		

续上表

序号	城市	出入口	阻断情况		年平均日交通量（自然量/日）		拥挤情况	
			累计阻断时间(h)	阻断事件特征	入城	出城	交通量空间分布特征	拥挤度空间分布特征
6	杭州	S2 杭州	—	未上报阻断事件	—	—	杭州市主要进出口流量比上年下降6%。其中G25南庄兜入城方向流量下降了3%，出城方向流量下降了8%，其余断面基本持平	杭州市主要运输通道进出口中，除G2501三墩断面双向基本畅通、G104余杭断面出城方向为轻度拥堵、其余出入口达到严重拥堵或中度拥堵。与上年相比，各出入口拥堵程度均略有好转
		S2 德胜	—		—	—		
		G2501 三墩	—		—	—		
		G25 南庄兜	—		11 570	11 157		
		G104 余杭收费站	—		—	—		
		G320 杭富（杭州）收费站	—		—	—		

续上表

序号	城市	出入口	阻断情况		拥挤情况		
			累计阻断时间(h)	阻断事件特征	年平均日交通量（自然量/日）		交通量空间分布特征
					入城	出城	

序号	城市	出入口	累计阻断时间(h)	阻断事件特征	入城	出城	交通量空间分布特征	拥挤度空间分布特征
7	广州	S15横沙（广佛）收费站	—	未上报阻断事件	52 756	60 428	广州市主要进出口流量比上年增长10%。S15横沙收费站和G4广州收费站出入城方向流量均超过50 000辆/日。与上一年相比，S15横沙收费站断面流量增长12%	广州市主要运输通道进出口中，S15横沙站和G4广州站双向达到严重拥堵，与上年相比，各出入口拥堵程度略有加剧
		G4广州（广深）收费站	—	未上报阻断事件	61 118	57 895		

续上表

序号	城市	出入口	阻断情况		拥挤情况		
			累计阻断时间(h)	阻断事件特征	年平均日交通量(自然量/日)	交通量空间分布特征	拥挤度空间分布特征
					入城 / 出城		
8	武汉	G4 武汉西	—	未上报阻断事件	10 058 / 10 240	武汉市主要进出口流量较上年有23%的增长。其中，G4 武汉西断面、G4 蔡甸断面、S15 琴台断面、S7 龚家岭断面、G70 武东断面、S1 府河断面分别增长 83%、75%、45%、31%、18%和15%；G5 青龙断面流量较上一年均下降了9%。交通量最大的是 S1 府河断面入城方向，流量为 20 958 辆/日。交通量最小的是 G42 东西湖断面，进出城流量约 3 300 辆/日	G4 武汉西断面，G4 蔡甸出城方向，G42 东西湖断面，G70 武东断面，S13 小军山路段均处于轻度拥堵或中度拥堵，S7 龚岭断面入城方向，S15 琴台断面入城整体拥堵情况均有所加剧，其余各出入口整体拥堵程度与上年基本持平
		G4 武汉北	—		8 952 / 8 511		
		G4 蔡甸	—		15 388 / 15 934		
		G42 东西湖	—		3 517 / 3 102		
		G70 武东	—		11 854 / 11 669		
		S1 府河	—		20 958 / 19 880		
		S5 青龙	—		13 875 / 12 392		
		S7 龚家岭	—		20 640 / 20 883		
		S13 小军山	—		10 762 / 10 325		
		S15 琴台	—		17 997 / 19 129		

续上表

序号	城市	出入口	阻断情况		拥堵情况		
			累计阻断时间(h)	阻断事件特征	年平均日交通量(自然量/日)		交通量空间分布特征 拥堵度空间分布特征
					入城	出城	
9	西安	G30 灞桥	—	未上报阻断事件	22 493	21 753	西安市主要进出口流量比上年增长2%。其中,G108 灞桥入城方向、G30 灞桥断面、G30 三桥断面流量比上年分别增加了31%、23%、7%,其他出入口流量有不同程度下降。G70 六村堡断面双向交通量较大,流量均在29 000 辆/日,G312 蓝田入城方向交通量最小,流量为2 840 辆/日 西安市主要运输通道进出口中,G70 六村堡断面、G108 灞店出城方向严重拥堵,G30 灞桥断面、G30 三桥断面、G108 灞桥入城方向中度拥堵,其他进出口路段处于畅通或基本畅通状态。与上一年相比,G30 灞桥断面、G30 三桥断面拥堵情况略有加剧,其余各出入口拥堵程度与上年相比基本持平
		G30 三桥	—		20 164	19 479	
		G70 香王	—		9 616	9 041	
		G70 六村堡	—		29 589	28 740	
		G108 灞桥	—		18 543	—	
		G108 灞店	—		—	9 467	
		G312 蓝田	—		2 840	—	
		G312 双照	—		—	5 836	

· 62 ·

续上表

序号	城市	出入口	阻断情况		拥挤情况			
			累计阻断时间(h)	阻断事件特征	年平均日交通量(自然量/日)		交通量空间分布特征	拥挤度空间分布特征
					入城	出城		
10	成都	G5成雅	—	未上报阻断事件	32 901	34 501	成都市主要进出城交通量较去年增长8%。G5成雅断面进出城交通量较上年增长12%。G5成雅断面进出城交通量较上年增长5%。出入城流量较为均衡	分析成都市主要运输通道进出口中，G5成雅断面双向严重拥堵，G42成南断面双向为中度拥堵。与上年相比，G42成南断面拥堵程度基本持平，G5成雅断面拥堵情况有所加剧
		G42成南	—		30 149	42 383		

其运行状况主要呈现以下特点：

一是重点城市出入口交通流量有升有降，北京和广州出入口流量下降明显，分别下降39%和24%，南京和武汉出入口流量分别增长21%和32%，成都出入口流量激增83%，其他城市出入口流量与去年基本持平。

二是重点城市出入口交通流量基本均衡，进出城流量大致相当。个别出入口如北京G4杜家坎、成都G42成南断面出城车辆明显大于入城车辆，上海G2014葛隆、G312曹安断面出城车辆明显小于入城车辆。高速公路出入口的流量普遍高于普通公路出入口。

三是部分城市出入口流量增长明显，如成都G42成南断面流量与去年相比增长148%，上海G320亭枫断面、南京G104花旗交调点，武汉G4蔡甸断面、武汉S15琴台断面流量与去年相比增长幅度均高于50%。

第五章 全国干线公路网运行管理工作情况

一、全国干线公路网运行管理工作情况

随着交通运输改革和事业单位改革的大力推进,路网管理部门体制机制也发生较大的变化,目前,我国大部分省份已经组建省级路网运行管理部门,地市/片区一级的路网中心或监控中心也基本组建,部分地区正在积极探索县一级路网中心机构的可行性。

(一)全国各省路网管理机构行业体制改革有序推进

按照"政事分开、事企分开"的原则,各省份研究推动出台省级地方公路管理体制改革的指导意见,整合归并原有分散设置的公路管理机构,不断强化省级公路管理机构对国省道的统筹管理力度。部分省份根据高速公路运营体制改革部署要求,成功剥离高速公路运营行业监管和路政执法职责,实现了高速公路运营养护单位由事业性质向企业性质转变的平稳过渡。2017年,广东、云南、湖南等3个省通过改制、合并等方式成立了新的路网运行管理机构,负责路网运行监测、突发事件应急处置、高速公路养护、联网收费管理等工作。

2017年11月,广东省公路管理局更名为广东省公路事务中心,负责全省普通公路网运行调度、应急抢险及公路信息化建设等管理工作。高速公路经营管理单位共同组建的广东省高速公路营运管理协会,从2017年4月起,将路网管理相关工作交由省交通集团监控中心代办。

2017年11月,云南省确定建立"政企分开、事企分开、监督有力、统一运营、安全便捷、服务高效"的高速公路联网收费管理新体制。云南省高速公路联网管理中心更名为云南省交通运输厅路网监测与应急指挥中心,主要承担全省路网(含公路网与水路网)的运行监测、联网收费、公路网重大突出事件预警与应急处置、出行服务等职能。

2017年12月,湖南省高速公路管理体制实现了事企分离改革,原湖南省高速公路

管理局被撤销,整体转为湖南省高速公路建设开发总公司,并在原湖南省高速公路管理局监控中心的基础上,成立了湖南省高速公路路网运行监测指挥中心和湖南省高速公路联网收费中心,实行两块牌子一套人马(一门两牌)的工作机制,主要承担交通运行实时监测、运行数据分析应用、行业值守应急处置、服务热线日常管理等职责。

(二)"互联网+"路网管理模式初具规模

随着互联网技术的不断发展进步,加上大量新技术、新设备、新资源的出现,促使传统监测技术与"互联网+"感知技术进行了数据共享、交互补充、指标融合,"互联网+"路网的管理模式越来越突显其优势。进一步促进"互联网+路网",打造"智慧路网"体系,实现高速公路路网平台与互联网服务平台深度融合发展,将对路网管理行业、业务及技术领域产生重要影响。同时,也利于打破以"段、线、片区"乃至"省域"为单位的运行管理模式,形成区域化的高速公路运行管理与服务网络的创新模式。

加快形成"互联网+"路网管理运行制度体系,明晰政府公路行业管理职能与公路经营市场关系,有利于形成专业化、网络化的高速公路行业监管与运营管理团队,建立高速公路部门协调联动与协同管理的中枢指挥系统。目前,在区域路网运行范围,京津冀、长三角等发达地区路网将有条件率先进入"智能化"时代,部省协同、区域互动更加顺畅,按照"分级负责、属地管理、业务协同"的业务原则,实现在路网智能调度、应急辅助决策、出行信息服务等业务领域重点突破。

(三)全国路网运行管理制度体系进一步完善

制度与机制建设是全国路网运行管理业务开展的重要基石。各级路网运行管理机构陆续出台了大量规范性文件,重点围绕路网运行信息报送、突发事件应急处置与出行信息服务以及部、省两级路网平台建设与联网等方面初步形成了规范,为全国路网运行管理制度体系的形成奠定了重要基础。此外,各省级路网运行管理机构围绕路网运行监测、应急处置、信息服务、行政监督等核心业务,结合实际管理与工作需要,着力完善路网运行管理政策法规、业务制度与标准规范,突出强化"信息"与"事件"管理领域制度体系建设,并取得了一定成效。

二、地方干线公路网运行管理机构情况

截至2017年底,全国共有北京、内蒙古、上海、江苏、安徽、福建、江西、山东、海南、重庆、四川、贵州、云南、西藏、陕西、甘肃、青海、宁夏、新疆等19个省(区、市)正式建立了省级路网运行管理机构(表5-1)。其中北京、内蒙古、上海、江苏、安徽、江西、重庆、四

川、贵州、云南、西藏、甘肃、青海、宁夏、新疆等15个省(区、市)的省级路网管理机构(路网中心)负责统筹全省(区、市)范围高速公路与普通公路运行监测、应急处置与出行服务等工作。

全国省级路网运行管理机构汇总表　　　　　　　　　　　表5-1

序号	省份	机构名称	行政级别	所属部门	成立年份
1	北京	北京市道路路网管理与应急处置中心	正处级	市路政局	2010
2	内蒙古	内蒙古自治区交通运输路网运行监测与应急处置中心(区公路局加挂)	正处级	自治区交通运输厅	2012
3	上海	上海市交通委员会交通指挥中心	正处级	市交通委员会	2016
4	江苏	江苏省交通运输厅路网管理科(应急办)	正科级	省公路局	2015
5	安徽	安徽省路警联合指挥中心	正处级	省交通运输厅	2011
6	福建	福建省公路管理局路网应急保障中心	正科级	省公路局	2013
7	江西	江西省交通运输厅应急指挥中心	正处级	省交通运输厅	2016
8	山东	山东省交通运输监测与应急处置中心	正处级	省交通运输厅	2017
9	海南	海南省交通运输厅信息中心	正处级	省交通运输厅	2011
10	重庆	重庆市交通运行监测与应急调度中心	正处级	市交通委员会	2013
11	四川	四川省路网监测与应急处置中心	正处级	省交通运输厅	2016
12	贵州	贵州交通信息与应急指挥中心	正处级	省交通运输厅	2014
13	云南	云南省交通运输厅路网监测与应急指挥中心	正处级	省交通运输厅	2017
14	西藏	西藏自治区路网监测与应急处置中心	正处级	自治区交通运输厅	2013
15	陕西	陕西省公路局路网调度中心	正处级	省公路局	2006
16	甘肃	甘肃省交通运行(路网)监测与应急处置中心	正处级	省交通运输厅	2015
17	青海	青海省公路网运行监测与应急处置中心	副处级	省交通运输厅	2014
18	宁夏	宁夏路网监测与应急处置中心	正处级	省交通运输厅	2014
19	新疆	新疆路网监测与应急处置中心	正处级	自治区交通运输厅	2012

截至2017年底,除海南、西藏外,全国29个省(区、市)设立了省级高速公路路网分中心(监控/收费结算中心),其中天津、河北、山西、内蒙古、吉林、黑龙江、上海、浙江、江西、山东、湖北、广西、四川、贵州、云南、陕西、甘肃、青海、宁夏、新疆等20个省(区、市)在省级高速公路管理机构下设立;北京、辽宁、江苏、安徽、福建、河南、湖南、广东、重庆等9个省(市)在省级高速公路集团(投资控股)公司设立,并承担部分省级高速公路路网分中心职能。具体详见表5-2。

全国高速公路联网监控（收费结算）中心汇总表　　　　　　表 5-2

序号	省份	机构名称	所属部门/公司	单位性质
1	北京	北京市高速公路信息中心	首都公路发展集团有限公司	企业
2	天津	天津市高速公路路网信息服务中心	天津市高速公路管理处	事业
3	河北	河北省高速公路指挥调度中心	河北省高速公路管理局	事业
4	山西	山西省高速公路信息监控中心	山西省交通运输厅	事业
5	内蒙古	内蒙古高速公路联网收费结算管理服务中心	内蒙古自治区交通运输厅	事业
6	辽宁	辽宁省高速公路运营管理有限责任公司	辽宁省交通建设投资集团有限责任公司	企业
7	吉林	吉林省高速公路指挥调度中心	吉林省高速公路管理局	事业
8	黑龙江	黑龙江省交通信息通信中心	黑龙江省交通运输厅	事业
9	上海	上海市路政局	上海市交通委员会	事业
10	江苏	江苏省高速公路联网营运管理有限公司	江苏省交通控股集团公司	企业
11	浙江	浙江省高速公路收费结算中心	浙江省公路管理局	事业
12	安徽	安徽省高速公路联网收费管理中心	安徽省交通控股集团有限公司	企业
13	福建	福建省高速公路电子收费管理中心	福建省高速公路有限责任公司收费结算管理处	企业
14	江西	江西省高速公路联网管理中心	江西省交通运输厅	事业
15	山东	山东省交通运输厅高速公路收费结算中心	山东省交通运输厅	事业
16	河南	河南省高速公路联网监控收费通信服务有限公司	河南省交通运输厅	企业
17	湖北	湖北省高速公路联网收费中心	湖北省高速公路管理局	事业
18	湖南	湖南省高速公路联网收费中心	湖南省高速公路建设开发总公司	企业
19	广东	广东省交通集团高速公路监控中心	广东省交通集团有限公司	企业
19	广东	广东联合电子服务股份有限公司	广东省国资委	企业
20	广西	广西壮族自治区高速公路联网收费管理中心	广西高速公路管理局	事业
21	重庆	重庆高速公路集团有限公司联网收费结算中心	重庆高速公路集团有限公司	企业
22	四川	四川省高速公路监控结算中心	四川省交通运输厅	事业
23	贵州	贵州省高速公路联网收费管理中心	贵州省高速公路管理局	事业
24	云南	云南省高速公路联网管理中心	云南省交通运输厅	事业
25	陕西	陕西省高速公路收费管理中心	陕西省交通运输厅	事业
26	甘肃	甘肃省高速公路交通调度指挥总中心	甘肃省高速公路管理局	事业
27	青海	青海省高等级公路建设管理局路网监控指挥中心	青海省高等级公路建设管理局	事业
27	青海	青海省电子收费管理中心	青海省高等级公路建设管理局	事业
28	宁夏	宁夏交通信息监控中心	宁夏回族自治区交通运输厅	事业
29	新疆	新疆公路收费（联网）管理中心	新疆维吾尔自治区公路管理局	事业

从省级路网运行管理部门及高速公路联网监控（收费结算）管理单位的主管部门看，由省级交通运输主管部门（厅、委）直管、省级高速公路管理部门下属管理模式仍然是近年来高速公路联网监控（收费结算）管理机构的主要模式。但随着国家事业单位体制改革的不断深化，由高速公路集团（控股）公司管理的委托模式不断增加，这类主要集中在江苏、重庆、湖南、广东等经营性高速公路较多的地方。

从省级路网运行管理及高速公路联网监控（收费结算）管理单位的职能上看，大部分路网中心、高速公路联网中心具备运行监测、出行服务、应急处置和联网收费的综合职能。此外，北京、辽宁、上海、江苏、福建、湖北、广东、广西、云南、陕西、新疆等11个省（区、市）设置了省级普通国省干线监控中心，为省级普通国省干线的安全保障工作打下了坚实的基础，具体详见表5-3。

全国省级普通国省干线监控中心汇总表 表5-3

序号	省份	机构名称	所属部门	成立年份
1	北京	北京市道路路网管理与应急处置中心	北京市交通委员会路政局	2010
2	辽宁	辽宁省交通运输厅公路管理局路网安全中心	辽宁省交通运输厅公路管理局	2013
3	上海	上海市交通委员会交通指挥中心	上海市交通委员会	2016
4	江苏	江苏省公路网管理与应急指挥中心	江苏省交通运输厅公路局	2006
5	福建	福建省普通公路路网监控中心	福建省公路管理局	2013
6	湖北	湖北省路网监测与应急处置中心	湖北省公路局	2013
7	广东	广东省公路管理局路桥中心	广东省公路事务中心	2017
8	广西	广西路网运行监测与应急指挥分中心	广西壮族自治区公路管理局	2015
9	云南	云南省公路信息中心	云南省公路局	2012
10	陕西	陕西省公路局路网调度中心	陕西省公路局	2006
11	新疆	新疆维吾尔自治区公路监控信息中心	新疆维吾尔自治区公路管理局	2010

三、地方干线公路网运行管理工作情况

各省级路网管理机构根据管理及业务工作发展需要，从路网运行监测、路网运行调度、公众服务、应急保障、信息化系统及监测设施建设、行业管理等各方面，不断完善制度体系，推动路网管理水平不断提高，工作成效得到各级领导和社会公众的认可。

部分省份高度重视路网运行管理有关法规制度等建设，省级交通运输主管部门制定出台了一系列对路网管理规范化、制度化至关重要的法规制度。例如：江西通过修订有关安全生产、突发事件、路网阻断方面的管理制度，如《江西省交通运输安全生产和突发事件信息报告和处理制度（暂行）》《江西省交通运输厅交通运输突发事件信息处理

程序》以及《江西省公路交通阻断信息信息报送制度》及其评分细则等,对突发事件进行有效的收集、分析与发布,有效形成以厅应急指挥中心为核心的交通运输行业突发事件管理中枢。河南通过制定《河南省高速公路联网收费通信监控总体规划》《河南省高速公路联网收费、通信、监控技术要求(暂行)》《河南省高速公路可变情报板信息发布实施细则(试行)》《河南省高速公路重要路况信息报送制度(试行)》《全省高速公路恶劣天气交通管制工作规范》《河南省公路交通阻断信息报送制度(试行)》等一系列文件和制度,进一步提升路网管理工作规范性。

突发事件应急管理工作的重要性提高到了更高的地位,各省级路网管理机构在应急管理体制机制、法规制度、人员队伍、经费保障等方面进行了全力保障。例如:河北在印发《河北省交通运输厅普通干线公路应急预案》的基础上,编写了《河北省应急管理与突发事件应急演练(预案)》,并对《河北省交通运输厅道路运输突发事件应急预案》提出了修改意见。浙江组建了省级公路应急抢险技术专家队伍和省级公路应急抢险队伍,建立浙北、浙东、浙西三个省级公路应急保障基地;为加强专业化、规范化建设,推出市县公路应急指挥平台建设有关意见,全面推动省、市、县公路应急指挥平台互联互通,提高公路应急保障能力。湖北开展了"战备钢桥架设技术培训成果汇报演示""普通公路隧道突发事件应急演练""公路专业渡口突发事件应急演练""公路桥梁反恐应急演练""机关消防应急演练""国际减灾日主题宣传"等一系列应急演练活动,提升公路应急事件处置能力。

各级交通运输主管部门高度重视出行信息服务工作,全国干线公路网出行信息服务系统建设呈现全方位发展态势。上海在中心城区快速路及高速公路入城段区域,利用光带型图形板、文字型情报板等各类可变信息载体,自动发布"畅通、拥挤、阻塞"三级实时交通状态,为驾乘人员提供动态引导;利用手机GPS数据判断生成高速公路交通状态,并通过全路网信息发布渠道,发布突发事件、道路施工、交通阻断等各类诱导信息,实现全路网统一诱导,为交通出行发挥了重要作用。辽宁充分利用"互联网+"技术,打造全新公众服务窗口,建立微信、微博、手机APP等平台。对内实现了全部工作全系统全过程的信息化管理,对外实现了信息发布、投诉咨询等需求的实时化和多元化服务。安徽围绕"微笑服务、温馨交通"的服务宗旨,悉心受理"12122"高速公路救援服务热线及96566高速客服热线,利用网站、微博、媒体、微信等实时发布路网动态,与新闻媒体建立信息联播机制,及时发布交通路况与气象信息,引导公众合理、错峰出行。

第六章 全国干线公路网运行监测设施建设情况

公路网运行监测设施主要服务于全国各级公路主管部门,以对全国公路网运行状态全面、及时地掌控与高效、准确地预测预判,支撑公路应急处置、公路出行服务、路网管理等工作。近年来,各级交通运输主管部门、公路管理机构和高速公路经营单位建设基础设施安全状态监测、交通量参数监测、视频图像监测、气象监测预警、桥梁隧道健康监测、路堑边坡监测、路堤沉降监测、积水监测等设施,着力提升公路出行服务水平。

一、全国干线公路网运行监测设施总体情况

截至2017年底,全国干线公路网运行监测系统主要包括突发事件信息人工报送系统❶和路网运行信息自动化采集系统❷。其中,突发事件信息人工报送系统基本全覆盖全国高速公路、普通国省干线公路的各路段管养单位,以及部、省两级路网管理部门,成为各级公路部门掌握路网实时运行情况和突发事件进展处置情况的重要手段,同时也是出行信息服务系统的重要数据源。其中,交通运输部路况信息管理系统已形成覆盖全国69万公里国省干线公路网的实时阻断信息报送业务。

根据各地上报的不完全数据统计,我国高速公路交通量参数监测设施总规模达2.1万套,平均布设密度达10~15公里/套;视频监测设施(路段沿线)总规模近5.2万套,平均布设密度达5公里/套;气象监测设施总规模达2 600余套。普通国省干线公路交通量参数监测设施总规模达1.0万余套,平均布设密度达90~110公里/套;视频监测设施(路段沿线)总规模达1.6万套,增长较为显著,平均布设密度达50~70公里/套;气象监测设施总规模近290套。此外,高速公路收费广场、特大桥梁、长大隧道内基本覆

---

❶ 突发事件信息人工报送系统:指通过人工监测获取的突发事件信息并通过信息化系统填报的报送系统。
❷ 路网运行信息自动化采集系统:指利用布设在公路上的现代化的自动感知设备,自动获取交通流量、视频图像、气象环境等信息的信息化系统。

盖交通量和视频监测设施。具体情况见附录A"全国路网运行监测设施一览表"所示。

总体看,近两年我国干线公路网运行监测设施在建设规模与质量上有明显进步,高速公路运行信息自动化采集系统建设要明显优于普通国省干线公路,高速公路"可视化"监测问题基本得到解决,北京、浙江、上海、河北、江苏、山东等省(市)高速公路基本实现全程视频监控,但总体规模偏小、地区分布不均、质量差距大是主要问题。路网运行信息的量化"可测"问题仍较为突出,交通量参数、气象、桥梁及隧道健康监测设施总体规模偏小,能够实时采集的交通流参数(包括交通量、占有率、速度等)、气象参数等信息的样本量不足、质量一般,加之人工报送为主的突发事件信息的时效性不高,部分省份人工报送质量不高,导致现有的路网运行监测系统还不具备全面、实时、准确感知与评估路网(区域)交通运行状态,以及分析、预测、研判路网运行趋势与预警突发事件的能力,也尚不能够全面满足未来路网运行集约化管理与出行信息精细化服务的发展需求。

为补充路网运行监测设施不足的问题,近年来各级公路管理部门充分利用现代信息技术,引入"互联网+""移动互联网""宽带移动通信技术"及"手机信令"等数据平台,作为路网运行监测系统的补充手段,取得了较好的效果。其中,部路网中心积极通过GIS-T系统、国高网实时监测系统、智慧路网监测平台等多种系统和手段,提升国省干线公路网重要运输通道、区域公路网交通运行监测和出行信息服务能力;江苏、浙江等省(市)与电信运营商合作共同搭建路网"手机信令"采集平台,实时获取运行在高速公路上的手机定位数据,分析研判路网交通流量分布情况;湖北等省份的高速公路部门与高德地图进行战略合作,路网应急监测预警能力大幅提升。

二、路网交通量参数监测设施建设与应用情况

我国路网交通量参数监测设施主要有两类,一类是高速公路经营管理单位在高速公路建设或运营期安装的"车辆检测器",另一类是交通运输部指导下统一安装的"交通量调查设备"。两类设备在采集技术上基本都是利用线圈、微波、视频为数据获取手段,但在采集的具体参数指标上有所差别。

从各省域路网交通量参数监测设施建设情况看,高速公路交通量参数监测设施中,北京、上海的平均布设密度最高,分别达到1.73公里/套和1.95公里/套;湖南次之,为2.71公里/套;贵州、浙江、福建、甘肃、河北的平均布设密度接近10公里/套,除内蒙古、青海、广西的平均布设密度达100公里/套以上外,其他省市的平均布设密度均在10~50公里/套以内。

普通国省干线公路交通量参数监测设施中,北京、上海的平均布设密度最大,分别达到6.04公里/套和6.90公里/套,其次为江苏21.26公里/套、天津24.71公里/套,山西、浙江、安徽、河北等省份布设密度在30~50公里/套以内,山东、辽宁、吉林、湖北等省份布设密度在50~100公里/套以内,其他省份在100公里/套以上。

综合高速公路和国省干线公路交通量监测设施布设情况看,北京、上海、浙江等省份的布设情况较好,表明这些省份较重视交通量监测设施在路网运行监测中的作用。部分地区交通量参数监测设施布设情况如图6-1所示。

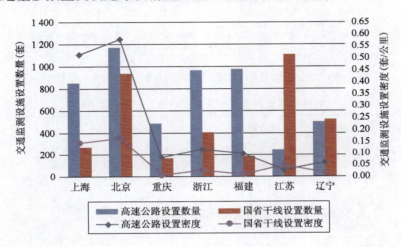

图6-1 部分地区交通量监测设施布设数量和布设密度情况

与2016年相比,各省份路段沿线视频监测设施数量有所增加,其中北京增加441套,贵州增加158套,吉林增加94套,新疆增加94套,福建增加76套,上海增加71套,宁夏增加51套,广西增加49套,四川增加49套,天津增加45套,相应的布设密度也有所提高,表明各省份越来越重视交通量参数监测设施在高速公路运行监测方面发挥的作用。具体如图6-2所示。

从目前路网交通量参数监测设施的应用情况看,监测设备的总体完好率较高,但受到设备质量、维护保养、使用管理等各类因素的影响,所采集数据的准确性不高、实时性不强、应用效果一般。路网交通量监测设施是路网运行监测与服务体系建设的重要内容,特别是高速公路交通运行状态感知尤为关键。由于这类设施在高速公路传统"机电系统"中不太受重视,虽然各省份在高速公路改扩建工程中加入了交通量监测设施,但所采集交通量数据没有形成规模效益,未能解决路网运行量化"可测"的关键。部分地区路网交通量监测设施情况详见表6-1、表6-2。

图 6-2 部分地区路段高速公路交通量参数监测设施布设数量和布设密度情况

高速公路交通量监测设施运行建设现状（部分）　　　　表 6-1

省份	高速公路里程（公里）	车辆检测器（套）	交通量调查设备（套）	合计（套）	密度（公里/套）
北京	1 013	823	347	1 170	1.73
天津	1 248	113	61	174	14.34
河北	6 531	540	663	1 203	10.86
山西	5 335	355	80	435	24.53
内蒙古	6 320	56	67	123	102.76
辽宁	4 212	438	62	500	16.85
吉林	3 119	236	114	350	17.82
黑龙江	4 512	187	69	256	35.25
上海	829	714	137	851	1.95
江苏	4 688	138	109	247	37.96
浙江	4 154	853	114	967	8.59
安徽	4 673	472	106	578	16.17
福建	5 039	896	82	978	10.30
江西	5 916	428	28	456	25.95
山东	5 821	376	277	653	17.83
河南	6 523	640	0	640	20.38
湖北	6 252	375	36	411	30.42
湖南	6 419	4 656	86	4 742	2.71
广东	8 347	399	141	540	30.91
广西	5 259	0	51	51	206.24

续上表

省份	高速公路里程（公里）	车辆检测器（套）	交通量调查设备（套）	合计（套）	密度（公里/套）
海南	795	53	23	76	20.92
重庆	3 023	475	11	486	12.44
四川	6 821	1 145	77	1 222	11.16
贵州	5 835	1 250	114	1 364	8.56
云南	5 022	310	164	474	21.19
西藏	38	0	0	0	—
陕西	5 279	607	119	726	14.54
甘肃	4 016	663	78	741	10.84
青海	3 223	38	16	54	119.37
宁夏	1 609	63	85	148	21.74
新疆	4 578	392	93	485	18.88

普通国省干线公路交通量监测设施运行建设现状（部分） 表6-2

省份	国省道里程（公里）	车辆检测器（套）	交通量调查设备（套）	合计（套）	密度（公里/套）
北京	2 829	282	654	936	6.04
天津	2 607	0	211	211	24.71
河北	19 012	466	342	808	47.06
山西	12 549	683	29	712	35.25
内蒙古	32 855	24	83	107	614.11
辽宁	16 799	0	522	522	64.36
吉林	11 414	0	331	331	68.97
黑龙江	23 378	0	97	97	482.02
上海	931	78	192	270	6.90
江苏	11 756	725	381	1 106	21.26
浙江	7 856	0	407	407	38.60
安徽	10 823	237	306	543	39.86
福建	10 926	0	185	185	118.12
江西	18 581	0	221	221	168.15
山东	19 594	694	122	816	48.02
河南	30 675	0	316	316	194.15
湖北	27 220	400	290	690	78.90

续上表

省份	国省道里程（公里）	车辆检测器（套）	交通量调查设备（套）	合计（套）	密度（公里/套）
湖南	31 207	13	28	41	1 522.29
广东	28 081	240	146	386	145.50
广西	19 701	0	0	0	—
海南	2 763	0	0	0	—
重庆	15 102	0	166	166	181.95
四川	20 191	0	247	247	163.49
贵州	26 231	20	61	81	647.68
云南	38 360	0	115	115	667.13
西藏	28 884	0	98	98	589.47
陕西	12 220	19	122	141	173.33
甘肃	25 577	236	98	334	153.16
青海	18 390	220	55	275	133.75
宁夏	4 961	0	85	85	116.73
新疆	24 253	17	327	344	141.01

三、路段沿线视频图像监测设施建设与应用情况

路段沿线视频图像监测设施，特别是高速公路沿线视频图像监测设施是传统的高速公路机电系统的重要组成部分，并成为各级公路部门掌握路网实时运行情况和突发事件进展处置情况的重要手段之一。从目前路段沿线视频图像监测设施的应用情况看，采集的图像数据质量不断提高，高清（720P 以上）级的视频监测设备也开始进入高速公路机电市场，模拟设备逐步向数字设备转变，视频事件检测系统应用逐步推广，高速公路视频图像监测设施面临着新一轮的升级换代。

从现有统计数据看，无论是设施规模（全国高速公路 5.18 万套）还是布设密度（高速公路平均接近 5 公里/套），视频图像监测设施均是各类路网运行监测设施指标中最高的。"可视化"需求作为公路运行监测需求中最直接、最见效的部分，已基本覆盖高速公路大型互通、服务区、长大桥隧、收费站广场、服务区以及超限超载检测站等重要监控点。部分省（市）的高速公路甚至已实现全程视频监控（即 2 公里/套）。部分地区路段沿线视频监测设施布设情况如图 6-3 所示。

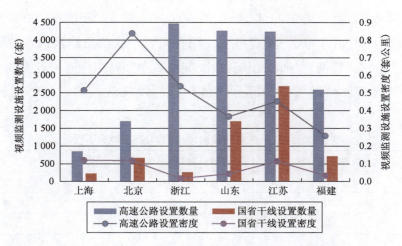

图6-3 部分地区路段沿线视频监测设施布设数量和布设密度情况

与2016年相比,各省份路段沿线视频监测设施数量有所增加,其中贵州增加1 081套,湖南增加638套,重庆增加456套,北京增加423套,安徽增加379套,广东增加341套,广西增加338套,江苏增加282套,湖北增加277套,吉林增加246套,青海增加226套,黑龙江增加129套,宁夏增加102套,相应的布设密度也有所提高,表明各省(区、市)越来越重视视频设备在高速公路运行监测方面发挥的作用。具体如图6-4所示。

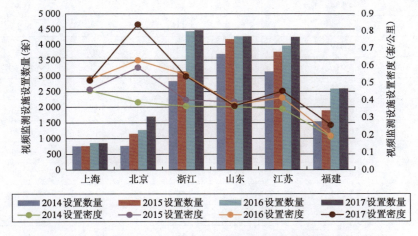

图6-4 部分地区路段高速公路沿线视频监测设施布设数量和布设密度情况

从各省域路段沿线视频监测设施建设情况看,北京高速公路路段沿线视频监测设施布设密度最高,达到1.59公里/套;其次是浙江、上海等省(市),布设密度在2公里/套以内;河北、江苏、山东等省(市)高速公路路段沿线视频监测设施布设密度在3公里/套以内。普通国省干线公路路段沿线视频监测设施中,河北、北京、山东布设密度在20

公里/套以内,天津、浙江、内蒙古、福建、山西、重庆、江苏布设密度在100公里/套以内,其他省份布设密度均在100公里/套以上。综合国省干线公路路段沿线视频监测设施平均布设密度看,北京、河北、浙江、山东等省(市)高速公路和普通国省干线公路路段沿线视频监测设施布设情况较好。部分地区路段沿线视频监测设施情况详见表6-3、表6-4。

高速公路路段沿线视频监测设施监测建设现状(部分)　　　　表6-3

省份	高速公路里程(公里)	路段、桥梁沿线摄像机(套)	密度(公里/套)
北京	1 013	1 698	1.19
天津	1 248	376	6.64
河北	6 531	5 780	2.26
山西	5 335	1 201	8.88
内蒙古	6 320	1 180	10.71
辽宁	4 212	1 048	8.04
吉林	3 119	796	7.84
黑龙江	4 512	1 661	5.43
上海	829	853	1.94
江苏	4 688	4 242	2.21
浙江	4 154	4 469	1.86
安徽	4 673	1 431	6.53
福建	5 039	2 592	3.89
江西	5 916	1 021	11.59
山东	5 821	4 265	2.73
河南	6 523	2 435	5.36
湖北	6 252	1 157	10.81
湖南	6 419	1 872	6.86
广东	8 347	2 677	6.24
广西	5 259	618	17.02
海南	795	291	5.46
重庆	3 023	1 450	4.17
四川	6 821	1 436	9.50
贵州	5 835	1 704	6.85
云南	5 022	1 815	5.53
西藏	38	48	1.58
陕西	5 279	2 143	4.93

续上表

省份	高速公路里程(公里)	路段、桥梁沿线摄像机(套)	密度(公里/套)
甘肃	4 016	206	38.99
青海	3 223	701	9.20
宁夏	1 609	279	11.53
新疆	4 578	441	20.76

普通国省干线公路路段沿线视频监测设施建设现状(部分)　　表6-4

省份	国省道里程(公里)	路段、桥梁沿线摄像机(套)	密度(公里/套)
北京	2 829	666	8.50
天津	2 607	298	17.50
河北	19 012	5731	6.63
山西	12 549	971	25.85
内蒙古	32 855	64	1 026.72
辽宁	16 799	231	145.45
吉林	11 414	2	11 414.00
黑龙江	23 378	0	—
上海	931	224	8.31
江苏	11 756	2 694	8.73
浙江	7 856	259	60.66
安徽	10 823	305	70.97
福建	10 926	714	30.61
江西	18 581	299	124.29
山东	19 594	1 698	23.08
河南	30 675	92	666.85
湖北	27 220	74	735.68
湖南	31 207	547	114.10
广东	28 081	333	168.65
广西	19 701	86	458.16
海南	2 763	68	81.26
重庆	15 102	543	55.62
四川	20 191	0	—
贵州	26 231	163	321.85
云南	38 360	90	852.44
西藏	28 884	44	1 312.91

续上表

省份	国省道里程（公里）	路段、桥梁沿线摄像机（套）	密度（公里/套）
陕西	12 220	137	178.39
甘肃	25 577	41	1 247.66
青海	18 390	118	311.69
宁夏	4 961	0	—
新疆	24 253	38	1 276.47

四、路网气象环境监测设施建设与应用情况

随着近年来冰冻雨雪、严重雾霾等恶劣天气引发的公路交通阻断事件不断增多，各级公路管理部门开始重视公路沿线气象环境监测，并取得了一定成果。公路交通气象观测站根据观测项目的不同，分为单要素、多要素自动气象观测站。其中，单要素气象观测站观测某一项对道路安全产生直接影响的气象要素，如能见度、路面、气象环境；多要素气象观测站要求观测两项及以上的气象要素，其中的全要素观测站能够观测能见度、路面条件（路温、路面状况、冰点温度）、气象环境（气温、湿度、风向风速、气压、雨量、天气现象）等气象参数。

总体上看，全国路网气象监测设施总规模已达2 600余套，除少数地区高速公路气象监测设施布设形成一定规模，其他省份布设密度十分稀疏，是各类路网运行监测设施中较为薄弱的环节。

与2016年相比，各省份高速公路沿线气象监测设施数量有所增加，其中重庆增加41套，四川增加21套，甘肃增加20套，湖北和陕西各增加18套，贵州增加11套，吉林增加10套，布设密度相应地有所提高，表明这些省市越来越重视恶劣天气对高速公路运行管理造成的影响。陕西编制了全省干线公路气象监测站点规划，在全省交通量较大的10条高速公路和6条普通干线公路上布设159个气象监测站点，分两年建成。部分地区2014—2017年高速公路气象环境监测设施布设情况如图6-5所示。

从各省域路网气象环境监测设施建设情况看，四川高速公路气象监测设施布设密度在30公里/套以内，江苏、上海、重庆、安徽、北京布设密度在50公里/套以内，青海、浙江、河北、天津、贵州、湖南布设密度在100公里/套以内，其他省份布设密度均在100公里/套以上。其中，江苏省高速公路部门在公路气象监测设施建设，以及利用气象环境监测数据提升路网运行效率方面有较成功的经验。部分地区高速公路及普通国省干线公路气象监测设施情况详见表6-5、表6-6。

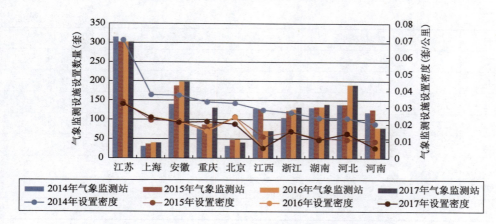

图 6-5　部分地区 2014—2017 年高速公路气象监测设施布设情况

高速公路气象监测设施建设现状（部分）　　表 6-5

省份	高速公路里程（公里）	单要素/多要素气象监测站（套）	密度（公里/套）
四川	6 821	484	28.19
江苏	4 688	302	31.05
上海	829	40	41.45
重庆	3 023	131	46.15
安徽	4 673	198	47.20
北京	1 013	41	49.41
青海	3 223	107	60.24
浙江	4 154	132	62.94
河北	6 531	190	68.75
天津	1 248	32	78.00
贵州	5 835	141	82.77
湖南	6 419	140	91.70
湖北	6 252	117	106.87
吉林	3 119	52	119.96
海南	795	10	159.00
河南	6 523	79	165.14
江西	5 916	71	166.65
黑龙江	4 512	53	170.26
辽宁	4 212	45	187.20
新疆	4 578	47	194.81
山东	5 821	54	215.59

续上表

省份	高速公路里程(公里)	单要素/多要素气象监测站(套)	密度(公里/套)
甘肃	4 016	34	236.24
宁夏	1 609	10	321.80
福建	5 039	30	335.93
内蒙古	6 320	32	395.00
云南	5 022	22	456.55
陕西	5 279	18	586.56
广西	5 259	8	1 314.75
广东	8 347	2	8 347.00

普通国省干线公路气象监测设施建设现状(部分)　　表6-6

省份	国省道历程(公里)	单要素/多要素气象监测站(套)	密度(公里/套)
北京	2 829	33	171.455
河北	19 012	199	191.075
上海	931	4	465.500
青海	18 390	18	2 043.333
陕西	12 220	6	4 073.333
天津	2 607	1	5 214.000
新疆	24 253	9	5 389.556
辽宁	16 799	4	8 399.500
江苏	11 756	2	11 756.000
甘肃	25 577	4	12 788.500
山东	19 594	1	39 188.000
河南	30 675	1	61 350.000

五、桥梁、隧道安全健康监测设施建设与应用

针对特大桥梁、长大隧道运行安全的监测是公路重要基础设施运行监测的重点。除人工定期检查和抽检巡查外,智能检测方面,主要是桥隧健康监测设施和隧道健康监测设施。桥梁健康监测是通过对桥梁结构状况的监控与评估,为桥梁在特殊气候、交通条件下或桥梁运营状况异常严重时发出预警信号,为桥梁的维护维修和管理决策提供依据与指导。其监测指标包括温(湿)度、应变、振动、挠度、索力、桥塔变形、风力、倾角、梁端位移、动态称重等。

据不完全统计,全国已建成各类跨海、跨江(河)的特大型桥梁健康监测设施250余

套。其中,江西在三阳特大桥、鄱阳湖大桥(斜拉桥)和九江长江公路大桥(斜拉桥)布设了桥梁健康监测系统,其中九江长江公路大桥全桥共布设了426个监测测点,能远程实时地对风速、风向、环境温(湿)度、交通荷载、索塔变形、桥面线形、应力应变等桥梁荷载及结构响应进行连续监测和安全预警。浙江有50余座桥梁布设了健康监测系统,其中代表性的桥梁如杭州湾跨海大桥、G104长兴段杨湾大桥等。山东有13座桥梁布设了健康监测系统,其中代表性的桥梁如G104济南黄河公路大桥、胶州湾大桥、滨州黄河大桥等,监测指标包括风力、温(湿)度、交通荷载、结构应变、主梁线形、纵向位移、GPS位移、索力、结构动力等。江苏有46座桥梁布设了健康监测系统,其中代表性的桥梁如南京长江二桥、南京长江三桥、南京长江四桥,监测指标包括温(湿)度、应变、振动、挠度、索力、桥塔变形、风力、倾角、梁端位移、动态称重等;张家港大桥和京杭运河大桥布设了结构安全监测系统,主要监测主梁线形、结构应变(温度)、交通荷载、典型裂缝等指标。北京布设有13套,其中国省道7套,高速公路6套。

隧道健康监测是通过对隧道结构状况以及其他工作状况的监测,为结构状况评估、运营现状以及工程服务寿命预测提供大量监测数据。隧道健康监测包括隧道结构侵蚀监测、隧道结构监测(变形、收敛、内力、接缝位移)、地层监测(土压力、水压力)等。

上海长江隧道结构安全健康监测设施,主要监测变形、收敛、内力、接缝位移、土压力、水压力、腐蚀等指标;京沪高速公路山东济莱段蟠龙隧道结构健康状态实时监测与预警系统主要测试截面应变值;湖南雪峰山隧道健康监测系统主要监测变形;西藏柳梧隧道和加嘎隧道健康监测系统主要监测变形、收敛、内力、接缝位移、土压力、水压力等。

全国部分桥梁健康监测设施现状如表6-7所示。

全国部分桥梁健康监测设施现状 表6-7

省份	数量	监测指标	运营状态	代表性工程
北京	13	温度、倾角、位移、挠度、应变、振动、裂缝	全部良好	大关桥、八达岭大桥、水闸新桥、德胜口大桥
天津	10	温(湿)度、风力、变形、应变、索力、振动、动态称重	9座良好,1座未发挥作用	西河桥、金钢桥、富民桥、国泰桥、赤峰桥
河北	4	风速、应变、挠度、振动、动态称重	1座改造,3座不详	海儿洼大桥、官厅湖特大桥、子牙新河特大桥
山西	5	应变、挠度、温度、振动、动态称重、索力、桥塔偏位、风力	2座良好,1座未发挥作用	忻州小沟桥、龙门黄河特大桥、丹河大桥、风陵渡黄河公路大桥、汾河大桥
内蒙古	2	应变、挠度、支座位移、裂缝、振动	良好	包头黄河大桥

续上表

省份	数量	监测指标	运营状态	代表性工程
辽宁	13（含1个在建）	温（湿）度、应变、振动、挠度、索力、桥塔变形、风力、倾角、梁端位移、动态称重	1座良好，1座在建	辽河特大桥、中朝鸭绿江界河公路大桥
吉林	1	挠度、应变、温度	良好	临江门大桥
黑龙江	3	温（湿）度、应变、振动、挠度、索力、桥塔变形、风力、梁端位移、	良好	四方台松花江大桥、乌苏大桥、四丰山大桥
上海	11	温（湿）度、应变、振动、挠度、索力、桥塔变形、风力等	全部良好	卢浦大桥、徐浦大桥、东海大桥、南浦大桥、长江桥隧
江苏	46	温（湿）度、应变、振动、挠度、索力、桥塔变形、风力、倾角、梁端位移、动态称重	全部良好	润扬长江大桥、江阴长江大桥、苏通大桥、南京长江二桥、泰州大桥、苏通长江大桥、京杭运河大桥、新江海河桥、崇启大桥
浙江	50	温（湿）度、应变、振动、挠度、索力、桥塔变形、风力、倾角、梁端位移、动态称重	全部良好	杭州湾跨海大桥、下沙大桥、之江大桥、西堠门大桥、金塘大桥
安徽	20	温（湿）度、应变、振动、挠度、索力、桥塔变形、风力、倾角、梁端位移、动态称重	全部良好	铜陵长江大桥、芜湖长江大桥、安庆长江大桥、马鞍山大桥
福建	12	温（湿）度、应变、振动、挠度、索力、桥塔变形、风力、倾角、梁端位移、动态称重	全部良好	青州大桥、厦漳跨海大桥、下白石大桥、海沧大桥、八尺门大桥、乌龙江大桥、长沙中桥、西溪大桥
江西	3	索力、线形、应变、塔顶位移、伸缩缝	全部良好	九江长江公路大桥、鄱阳湖大桥
山东	22	温（湿）度、应变、振动、挠度、索力、桥塔变形、风力、倾角	全部良好	滨州黄河公路大桥、东营黄河公路大桥、青岛海湾大桥、弥河大桥
河南	6	挠度、应变、振动	全部良好	卫坡大桥、伊洛河大桥、瀍河大桥、郑州黄河大桥、桃花峪大桥
湖北	10	温（湿）度、应变、振动、挠度、索力、桥塔变形、风力、倾角、梁端位移、动态称重	全部良好	军山大桥、阳逻长江大桥、二七长江大桥、鹦鹉洲长江大桥
湖南	8	温（湿）度、应变、振动、挠度、索力、桥塔变形、风力、倾角、梁端位移、动态称重	5座良好,1座未发挥作用	矮寨大桥、洞庭湖大桥、茅草街大桥

续上表

省份	数量	监测指标	运营状态	代表性工程
广东	13	温（湿）度、应变、振动、挠度、索力、桥塔变形、风力、倾角、梁端位移、动态称重	8座良好，2座在建	珠江黄埔大桥、虎门大桥、新光大桥、港珠澳大桥、九江大桥
广西	3	温（湿）度、应变、索力、挠度、动态称重	1座良好，2座不详	湛江海湾大桥、三门江大桥、永和大桥
海南	4	温（湿）度、应变、索力、挠度、动态称重	全部良好	琼州海峡跨海大桥
重庆	22	温（湿）度、应变、振动、挠度、索力、桥塔变形、风力、倾角、梁端位移、动态称重	7座良好，6座在建	石板坡长江大桥复线桥、大佛寺长江大桥、马桑溪长江大桥
四川	6	挠度、应变、温度	全部良好	州河特大桥、金江金沙特大桥、城门洞大桥
贵州	11	温（湿）度、应变、振动、挠度、索力、桥塔变形、风力	2座良好，3座不详	红枫湖大桥、坝陵河特大桥、石门坎特大桥
云南	9	温（湿）度、倾斜、挠度、位移、振动	全部良好	红河大桥、龙江特大桥
西藏	17	应变、振动、挠度、索力、桥塔变形、倾角、梁端位移、动态称重	全部良好	柳梧一号桥、柳梧二号桥、桑达特大桥
陕西	5	沉降、挠度、应变、裂缝	全部良好	徐水沟特大桥、洛河特大桥、杜家河大桥、才纳特大桥
甘肃	4	沉降、挠度、应变、裂缝	全部良好	关头坝特大桥、黄河大桥、东岗黄河大桥、芦家沟大桥
青海	无	—	—	—
宁夏	3	挠度、应变、温度	全部良好	叶盛黄河公路大桥、吴忠黄河公路大桥
新疆	1	挠度、应变、温度、风力、桥塔变形、索力	良好	果子沟大桥

六、路堑边坡和路堤沉降监测设施建设与应用

路堑边坡和路堤沉降监测是公路基础设施运行监测的重点。路堤稳定和沉降监测内容包括地表水平位移量及隆起量、地下土体分层水平位移量、路堤顶沉降量监测。路堑边坡或滑坡监测内容包括地表监测（水平位移、垂直变形、裂纹）以及地下位移、地下水位、支挡结构变形、应力监测。据不完全统计，全国已建成各类路堑边坡和路堤沉降

监测设备达 180 余套,主要分布在华中、华南、西南地区,表明这些区域受降雨等恶劣天气和地质灾害影响,较重视该设备在路网运行监测中的作用。

为防止结构变形,山东在 G35 济广高速公路某处加筋挡土墙布设了监测系统,用于监测支挡结构变形及应力作用。河南在 G30 连霍高速公路上开展地表监测的有关研究。部分省份布设了边坡监测系统,如贵州在乌木布设 1 处,主要监测锚索预应力值、雨情、边坡地表水平位移与沉降、深部位移、地表裂隙等;浙江在 G205 上布设 4 处,主要监测危险边坡岩土位移情况;山西在 G55 二广高速公路长晋段布设 1 处,主要监测水平位移、垂直变形、裂纹等;湖南布设 4 处,主要监测边坡水平位移、垂直变形、裂纹、地下位移、支护结构变形、应力。重庆在沪渝南线高速公路主城至涪陵段、G6911 奉溪段布设了地表监测、支挡结构变形监测设备,在石忠路布设水平和垂直位移、地表裂缝、支挡结构变形监测设备。

在路堤沉降监测设备布设方面,广西在崇溪河主线收费站布设设备 1 套,主要监测地表水平位移量、路堤顶沉降量;四川在内遂高速公路 K69+900、K70+100 处路基设置两处全站仪观测沉降量;湖南在垄茶高速公路红旗 1 号桥采空区开展稳定性监测,主要监测水平位移、垂直变形和地下位移。江西在宁定高速公路 LK2+960 处监测地基顶面竖向变形、路基分层沉降、路基顶面不均匀变形,在宁定高速公路 K185+720、LK25+080 处监测路基分层沉降、路基顶面不均匀变形。重庆在渝黔崇溪河主线收费站布设了沉降观测设备,主要对垂直变形和裂缝进行监测。

第七章 全国干线公路网服务工作开展及业务体系建设情况

2017年,各级公路交通部门进一步重视出行信息服务工作,部级层面组建中国公路出行信息服务联盟,各省加快实施出行信息发布平台建设,截至2017年底,全国31个省级交通运输或公路交通部门共计开通具备公路出行服务功能的网站197个;共有28个省份开通具备公路出行信息服务功能的微博97个;共有30个省份开通公路出行信息服务功能(含ETC业务)的微信234个;全国29个省份开通移动客户端79个;全国31个省份开通客服电话号码103个(含12328)。部级和省级层面均积极促进公路交通信息服务的共享和应用,多方面开展合作,信息发布渠道建设不断完善,"两微一端"信息发布能力显著提升,信息发布内容与形式更加丰富,服务区建设稳步推进,社会化合作进一步增强。

一、全国干线公路网出行信息服务系统总体情况

(一)全国公路交通出行信息服务工作概述

一是政府引导公路出行服务项目成果显著。在部级层面,交通运输部与中央人民广播电台合作建设的"中国交通广播"已全天候覆盖京、津、冀、湘高速公路网和主要城市,向全国听众发布出行资讯和路况信息。全国公路出行信息服务系统竣工验收,这将形成以国家高速公路、国省干线公路为核心,汇集基础数据,融合行业信息、出行信息的全国路网GIS地图,为政府决策研判,为行业支撑服务,为公众享受便捷、实时、准确的信息服务提供有力的技术保障。

二是市场主导公路出行服务项目百花齐放。公路出行服务工作始终坚持"市场主导",充分发挥市场在资源配置中的决定性作用,强化市场在出行服务中的主体地位,社会化服务提供方为公路出行服务带来更多人性化解决方案,为公众便捷出行提供丰富选择。在部级层面,"中国公路信息服务网"实行升级改造,"两微一端"积极打造"中国

路网"品牌。为落实国家大数据发展战略,联合百度搭建的综合交通出行大数据开放云平台,率先在探索政企社会化服务合作方面取得了显著成绩。省级交通运输部门和建设运营单位均积极通过各种自建服务手段面向公众提供服务,以 BATJ(百度、阿里巴巴、腾讯和京东)等互联网公司和移动、电信等电信运营商为代表的企业,充分利用"云、大、物、移"等技术,通过每天数亿次日活用户汇聚的大量信息,在数据分析和终端服务方面持续创新,促进出行信息服务水平不断提高。据统计,目前已有 21 个省份与支付宝、高德和移动通信等开展近百项增值服务。

三是交通运输各级管理部门积极创新管理模式,加强建设和引导,以"五大发展理念"为引导,广泛开展合作。"三重一大"期间,着重开展了央视、央广等权威媒体"线上线下"直播、出行大数据研判分析、"中国路网"品牌新媒体服务矩阵发布、公路出行信息服务培训班和年度"公路出行服务影响力排名"榜单发布等工作。为实现出行信息的"最高效传播、最有效触达和最实时沟通",部路网中心于 11 月 3 日发起组建了"中国公路出行信息服务联盟",截至 2017 年底,引入行业内 40 家从事公路出行服务工作的企事业单位。

(二)2017 年公路出行信息服务建设成绩

2017 年,部级层面积极开展创新公路出行信息服务工作,取得了良好的成绩,得到了行业内和社会公众的广泛认可。同时,各省级交通运输部门从满足公众出行需求和满足管理需求的角度出发,按照全天候、全覆盖、立体化对社会公众提供"出行前"和"出行中"不同阶段的信息服务。"全天候"——工作人员 24 小时值守响应公众的服务需求;"全覆盖"——服务内容涵盖了路况信息、阻断信息、气象信息、出行常识、绕行方案等与公众出行密切相关的各类信息;"立体化"——综合利用电台、电视台、报纸、政务网站、热线电话以及新媒体等多种手段为公众提供出行服务。

1. 部路网中心成功组建中国公路出行信息服务联盟,建立全国公路出行信息服务共享平台。 2017 年 11 月 3 日,由交通运输部路网中心倡议发起,40 家行业管理单位与知名企业加入的"中国公路出行信息服务联盟"正式成立,联盟成员通过共同开发使用的手机 WAP"出行头条"可直接触达约 7 400 万互联网用户。联盟集合了交通运输行业多家公路出行服务官方新媒体单位以及气象、旅游、汽车等行业公路出行服务领域的微信公众号、微博等专业新媒体,以"服务、共享、合作、共赢"为核心理念,充分利用互联网技术手段,实现公路出行信息的最高效传播、最有效触达和最实时沟通,促进出行服务理念、服务模式的不断完善、创新和发展,推动建立全国范围公路出行信息服务共享平台。各级管理单位本着服务、共享、联合、共赢的理念,积极加入中国公路出行信息服务联盟,进一步拓宽出行信息服务平台,提升服务效果。

> 2017年11月6日~26日期间,借助中国公路出行信息服务联盟平台,利用"出行头条"植入各联盟新媒体的方式,联盟成员共同开展了"智慧公路中国好创新"全国大联播活动。各联盟成员分别通过自有新媒体平台联合发布推文27篇,覆盖全国用户300多万。作为智慧公路主题赛的主办方之一,有效提升了竞赛作品传播力,进一步扩大了中国公路出行信息服务联盟的影响力。

2. 部路网中心研究建立全国路网出行服务产品指标体系,发布年度全国公路交通出行服务产品服务效果影响力排名。围绕构建出行服务指标体系工作,部路网中心分别联合人民网、中国政法大学和北京工业大学开展研究。在研究成果的基础上,利用大数据分析、舆情监测等手段,初步建立了权威、公正的第三方指标评价体系,针对全行业各省级交通行业服务产品进行了指标化评估,科学、细致、客观地对各服务产品活跃度、传播力、互动力等方面进行规范化、标准化评定,并首次发布了"公路交通出行服务产品综合影响力排名"和"客户端影响力排名"榜单,详见表7-1和表7-2。2017年公路交通出行服务产品服务影响力排名工作进一步推动了各省公路交通服务产品建设,提高了公路出行服务类媒体的服务质量,起到了"以评促建"的积极作用,为建立全方位、多层次的出行服务产品质量评价体系打下了良好的基础。

"2017公路交通出行服务产品综合服务效果影响力排名"榜单　　　　表7-1

排名	单位	新浪微博	微信公众号	客户端	客服电话	得分
1	山东高速集团有限公司电子收费中心	山东高速集团电子收费中心	高速ETC	高速ETC	96766、95011	5.703 4
2	山东高速股份有限公司	山东高速出行服务	山东高速出行信息	e高速	96659	5.365 7
3	江西省高速公路联网管理中心	江西交通12328	江西交通12328	ETC赣通宝	12328、96122	5.298 2
4	江苏高速公路联网营运管理有限公司	江苏高速96777	江苏高速96777	e行高速	96777	5.226 5
5	湖北省高速公路联网收费中心	湖北高速ETC	湖北e出行	湖北高速ETC	12122、96576	5.223 9
6	天津市高速公路管理处	天津高速公路	天津高速公路	天津高速通	12122	5.126 3
7	河北省高速公路管理局指挥调度中心	河北高速96122	河北高速	河北高速通	12328、96122	5.056 5
8	陕西省高速公路收费中心	陕西交通12122	陕西交通12122	陕西高速通	12328、12122	5.000 8
9	辽宁省高速公路运营管理有限责任公司	辽宁高速通	辽宁高速通	辽宁高速通	96199	4.712 6
10	甘肃省高速公路管理局	甘肃高速	甘肃高速96969	甘肃爱城市	0931-96969	3.750 8

"2017 公路交通出行服务产品客户端服务影响力排名"榜单　　表 7-2

排名	客户端名称	单位名称	得分
1	高速 ETC	山东高速集团有限公司电子收费中心	8.005 4
2	行云天下	安徽省高速公路联网运营有限公司	6.623 9
3	e 高速	山东高速股份有限公司	6.431 8
4	湖南高速通	湖南省高速公路管理局监控中心	6.078 6
5	广东高速通	广东省交通集团有限公司高速公路监控(客服)中心	5.691 0
6	闽通宝	福建省高速公路有限责任公司	5.681 4
7	辽宁高速通	辽宁省高速公路运营管理有限责任公司	5.297 2
8	湖北高速 ETC	湖北省高速公路联网收费中心	5.003 0
9	e 行高速	江苏高速公路联网营运管理有限公司	4.982 5
10	黔通途	贵州黔通智联科技产业发展有限公司	4.917 9
11	天津高速通	天津市高速公路管理处	4.642 5
12	河北高速通	河北省高速公路管理局指挥调度中心	4.641 6
13	浙江 ETC	浙江省高速公路不停车收费用户服务中心	4.508 7
14	陕西高速通	陕西省高速公路收费中心	4.477 8
15	重庆交通	重庆市交通运行监测与应急调度中心	4.404 3
16	乐行上海	上海市路政局	4.315 0
17	ETC 赣通宝	江西省高速公路联网管理中心	4.066 8

3. 各省级交通运输部门建立全天候、全覆盖、立体化的出行信息服务体系。根据各省份上报信息和出行服务业务记录,截至 2017 年底,全国 31 个省级交通运输或公路交通部门全部都开设有公路出行服务网站,共计开通具备公路出行服务功能的网站(含专门出行服务网站和具备上述功能的网页、栏目网站,包括 ETC 服务网站、公路气象服务网站)197 个;共有 28 个省份开通具备公路出行信息服务功能的微博 97 个(其中新浪平台微博数量 87 个);共有 30 个省份开通公路出行信息服务功能(含 ETC 业务)的微信 234 个;全国 29 个省份开通移动客户端 79 个;全国 31 个省份开通客服电话号码 103 个(含 12328);全国共有 30 个省份开展了公路出行信息服务媒体全方位合作,共有合作广播、电视媒体 219 家(不完全统计);共有 21 个省份与支付宝、高德、腾讯等开展 76 项(不完全统计)社会化出行服务合作。具体情况见表 7-3。

2017 公路出行信息服务建设情况　　表 7-3

省份	网站	新浪认证微博(腾讯)	微信公众号	移动客户端	客服电话	媒体合作(广播)	社会化合作	ETC 服务媒体	电子发票服务媒体
北京	11	3	8	6	4	3(2)	2	1	1
天津	1	5	5	2	5	7(2)	7	1	1

续上表

省份	网站	新浪认证微博(腾讯)	微信公众号	移动客户端	客服电话	媒体合作(广播)	社会化合作	ETC服务媒体	电子发票服务媒体
河北	8	1(1)	4	2	3	6(4)	1	1	0
山西	4	1	4	1	3	6(6)	0	1	1
内蒙古	3	1	6	1	3	13(5)	0	1	0
辽宁	9	7	4	2	4	3(2)	5	1	1
吉林	10	2	3	1	3	29(15)	1	1	1
黑龙江	3	0	6	2	2	1(1)	0	1	0
上海	4	3	4	4	4	3(1)	2	1	0
江苏	7	2(1)	10	3	2	31(16)	4	1	0
浙江	3	5	9	3	3	3(2)	0	1	1
安徽	6	5	7	2	4	16(8)	0	0	0
福建	8	2	6	5	5	4(1)	1	2	1
江西	11	9	13	7	2	3(1)	0	1	0
山东	10	10	26	8	9	15(6)	4		
河南	10	3	7	3	2	2(1)	3	1	1
湖北	25	7(1)	33	3	3	18(5)	4	6家银行	1
湖南	7	1	5	1	3	2(2)	1		
广东	7	0(1)	19	4	3	4(3)	4	1	1
广西	6	3	3	1	4	15(6)	10	1	1
海南	3	0	2	0	4	3(2)	0	0	0
重庆	4	3(1)	9	3	4	3(3)	5	1	1
四川	7	2	5	2	2	1(1)	8	0	0
贵州	4	1	6	1	2	3(2)	2	1	0
云南	4	1	2	2	2	1(1)	0		
西藏	2	0	0	0	0	0	1	0	0
陕西	5	2(3)	10	5	4	12(12)	3	1	0
甘肃	4	3	6	2	3	3(3)	3	1	1
青海	7	2(2)	7	2	4	8(4)	5	1	1
宁夏	3	1	4	1	2	3(2)	0	1	1
新疆	1	1	1	2	1	2(2)	0	1	0
省份数量	31	28	30	29	31	30	21		
项目数量	197	87(10)	234	79	103	219(121)	76		

注：微博一列，括号内为腾讯微博；媒体合作一列，括号内为广播。

与2016年相比,全国公路出行信息发布渠道实现稳步增长,所有省份基本实现多渠道信息发布的模式。统计显示,移动客户端数量基本持平;微信作为传播方式的影响地位持续上升,发布渠道的数量同比增加48.1%,如2017年期间"辽宁高速通""广东交通"等微信公众号的认证完成;与此同时,出行服务网站数量也有所增长,同比增加31.3%,如图7-1所示。其他渠道如微博和客服电话数量也有小幅上升,为出行者提供了多种获取信息渠道的选择。

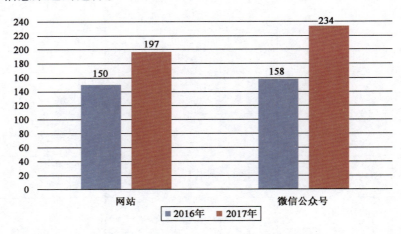

图7-1　2016—2017年网站、微信公众号开通数量情况

二、全国交通广播建设与运行情况

(一)中国交通广播建设与运行情况

中国交通广播是由交通运输部和中央人民广播电台联合打造的国家级交通广播,在原有的中国高速公路交通广播基础上于2017年1月10日升级改造为中国交通广播。中国交通广播按照"平时服务、突发应急"的原则进行建设,是国家应急广播体系的重要组成部分。中国交通广播积极围绕"进出城交通服务、高速路网出行服务和重大事件应急疏导"三大目标,为广大驾乘人员提供更加精准、即时、专业的信息服务。

交通运输广播直播间的每日常驻记者负责广播媒体的日常连线工作,主要通过2~3分钟的直播连线播报全国路况信息,每日需要连线12档,有突发事件则随时插播。其中直播连线中国之声FM106.1早晚2档,中国交通广播每日各时段8档,中国气象频道每日2档。

交通广播形式不仅需要主持人播报路况信息,也需要通过访谈类节目等形式发布交通出行信息和行业动态,让听众了解交通前沿的发展。《交通会客厅》是中国交通广播打造的与交通运输行业关联密切的节目,目前以每周一播出的一小时访谈模式节目为主,为公众搭建获取交通信息的平台。

> 2017年9月30日,《交通会客厅》迎来特别节目。部路网中心联合中国交通广播以假期收费公路小客车免费通行保障的重要时刻为契机,贴近公众出行需求,基于部路网中心联合千方科技、高德软件有限公司发布的"十一"全国公路网出行预测报告,本着为交通出行服务的基本原则,特别策划京津冀湘四地联播的"你的十一不怕堵"专题节目。节目打破固有播出模式,在节假日前插档,并首次尝试采用联播形式,即在总时长一小时的节目框架下,安排以北京(FM99.6)为主场,在天津(FM99.6)、河北(FM101.2)、湖南(FM90.5)各设分场的四地联播模式,采用主持人问答、观众互动等丰富形式,进行各区域的路网运行情况介绍。部路网中心及时通过中国交通广播等媒体为公众提供出行信息服务的举措,为公众规划出行时间及路线提供了参考。

(二)地方交通广播建设与运行情况

地方交通广播建设稳步持续推进,各地与广播媒体积极合作进行出行服务宣传。相比于2016年,部分省份开始开展省市两级交通广播,如内蒙古、黑龙江等,并取得了较好效果。与此同时,部分省份如吉林、江苏、陕西等继续广泛拓展省市两级交通广播运营工作,分别组织了十余项广播合作项目,深度融合交通与媒体,更好地实现了出行服务的提质增效。截至2017年底,共计30个省份开展了交通广播媒体合作121项(不完全统计),详见表7-4。在广播建设数量方面,相比2016年增加了10%,具体情况见图7-2。

2017公路出行信息服务广播建设情况 表7-4

省份	北京	天津	河北	山西	内蒙古	辽宁
数量	2	2	4	6	5	2
省份	吉林	黑龙江	上海	江苏	浙江	安徽
数量	15	1	1	16	2	8
省份	福建	江西	山东	河南	湖北	湖南
数量	1	1	6	1	5	2
省份	广东	广西	海南	重庆	四川	贵州
数量	3	6	2	3	1	2
省份	云南	陕西	甘肃	青海	宁夏	新疆
数量	1	12	3	4	2	2

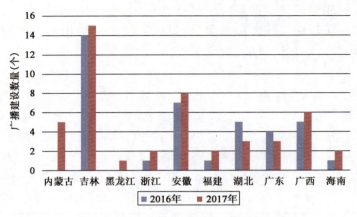

图 7-2　2016—2017 年部分省份交通广播建设数量情况

各省交通广播建设数量方面，内蒙古、吉林、黑龙江、浙江、安徽、福建、广西、海南相比 2016 年均明显增加，提升了公众出行服务效果。总体数量上，2017 年各省交通广播建设数量同比增加了 10%。

三、全国公路出行服务类网站建设情况

（一）中国公路信息服务网建设情况

"中国公路信息服务网"拥有最新全国干线公路网电子地图，提供实时公路路况、通阻信息、公路气象等服务，可查询各省服务电话和公路相关基础数据等信息，同时可以根据实时路况规划合理的出行路线，发布公路交通重大气象预警。2017 年，中国公路信息服务网系统实行项目改造与升级，改造升级后将对各项服务内容进行完善。

（二）各省级公路信息服务网建设情况

截至 2017 年底，全国 31 个省（区、市）交通运输主管部门均已开通了公路出行服务网站（网页），所有省级交通运输部门政务网站都建有出行服务网页或路况信息栏目，部分网站还提供了专业出行服务网站链接。在提供方式上，部分省份按照需求层面不同，开通了省级出行服务网站和公路出行服务网站；根据业务细分，还专门建设有 ETC 服务网站、公路气象网站和服务区查询网站。

与 2016 年相比，专业公路出行服务和 ETC 服务网站数量稳步增长，超过 80 余个。在专业服务方面，北京、天津、河北、内蒙古、辽宁、吉林、黑龙江、上海、江苏、安徽、福建、江西、山东、河南、湖北、湖南、广东、广西、重庆、四川、贵州、陕西、甘肃、青海、宁夏、新疆

等省份专门建设有高速公路出行服务网站,为高速公路行车提供全方位信息服务,提供实时路况信息、路线规划、电子地图查询等功能,特别是部分省份提供了高速公路服务区服务信息、收费站收费信息查询功能,为出行者提供完善的信息服务。北京、天津、河北、山西、内蒙古、辽宁、吉林、黑龙江、上海、江苏、浙江、安徽、福建、江西、山东、河南、湖北、湖南、广东、广西、重庆、贵州、陕西、甘肃、青海、宁夏建有专业ETC客户服务网站或网页,提供网上受理、费用查询、出行统计等功能。陕西、青海、宁夏建有公路交通气象服务网站,提供省域内公路交通专业气象服务和出行提示。

四、"两微一端"出行信息服务系统应用情况

(一)"中国路网""两微"平台系统建设和运行情况

"中国路网"品牌建设初见成效,初步构建了出行信息新媒体服务矩阵。

一是按照部路网中心"四个一"工程中"一个终端"的建设要求,"中国路网"微信公众号(图7-3和图7-4)与"交通运输部路网中心"政务微博逐渐成为交通运输部服务民生的展示窗口和部路网中心重要的宣传平台。截至2017年底,"中国路网"微信公众号累计发布推文700余篇,核心关注人数约10万,直接阅读人数近百万次;"交通运输部路网中心"累计发布微博约1000条,达到了良好的传播效果。

图7-3 "中国路网"微信公众号公众服务板块

图7-4 "中国路网"微信公众号出行头条板块

二是重大突发事件及节假日期间,通过部路网中心政务微博、"中国路网"微信公众号、网易视频直播、今日头条、一点资讯等平台主动发声,积极拓宽新媒体信息发布渠道,初步建立了边界清晰、上下贯通、左右衔接的融媒体出行信息服务生态圈,不断丰富"中国路网"品牌价值。

三是积极探索建立常态化视频直播节目采编播机制,提前策划、科学工作、分类处置,针对"十一黄金周"、"五一小长假"等重要节假日播报提前准备脚本,针对四川茂县地质灾害、九寨沟地震、河北张石高速公路重大交通事故等突发应急处置,按事件类型制定分类采编播预案,保障各类事件通过广播、电视、互联网等多种途径顺利播出,及时发布路况信息,应对热点舆论,服务公众出行。

(二)各省级"两微一端"系统建设和运行情况

2017年,各省级交通运输部门和公路经营管理单位更加重视通过新媒体平台开展公路出行信息服务。其中,公路交通微博、微信客户端等提供的出行信息服务更加及时、专业、有针对性。截至2017年底,共有28个省份开通具备公路出行信息服务功能的微博97个(其中新浪平台微博数量87个);共有30个省份开通具备公路出行信息服务功能(含ETC业务)的微信234个;全国29个省份开通移动客户端79个。开通的省份数量方面,微博、微信同比有所增加,客户端与2016年相比基本持平;项目数量方面,微博、微信同比均明显增加,同比增加了21%和48%,客户端项目数量与2016年相比基本持平。2015—2017年公路出行信息服务"两微一端"系统项目数量总体变化情况,详见图7-5。

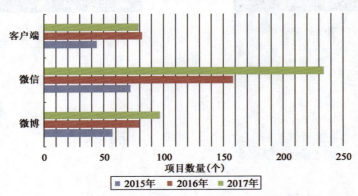

图7-5 2015—2017年"两微一端"公路出行信息服务项目数量历年变化情况

五、公路客服/救援电话系统建设与运行情况

公路客服/救援电话系统是各省级交通运输部门、公路管理机构和高速公路经营单

位为公众出行提供的"面对面"服务,也是较早开通及较完善的出行信息服务系统之一。截至2017年底,全国31个省(区、市)交通运输主管部门、公路管理机构和高速公路经营单位均开设有24小时客服电话热线,共计开通客服电话号码103个(含ETC服务电话,包括31个12328电话),详见表7-5。

公路客服电话开通情况　　　　　　　　　　　表7-5

省份	12328	公路服务电话(含ETC)				合计
		12122		96字头短号码	其他号码	
		行政管理部门	高速公路企业			
北京	●			●●	●	4
天津	●	●			●●●	5
河北	●	●		●		3
山西	●	●		●		3
内蒙古	●	●		●		3
辽宁	●	●		●●		4
吉林	●	●			●	3
黑龙江	●			●		2
上海	●	●			●●	4
江苏	●			●●		3
浙江	●		●		●	3
安徽	●	●		●●		4
福建	●		●		●●	5
江西	●			●		2
山东	●			●●●●●	●●●	9
河南	●	●		●		3
湖北	●	●		●		3
湖南	●	●		●		3
广东	●			●●		3
广西	●			●	●	4
海南	●				●●●	4
重庆	●		●	●		4
四川	●	●				2
贵州	●	●				2
云南	●			●		2

续上表

省份	12328	公路服务电话(含ETC)				合计
		12122		96字头短号码	其他号码	
		行政管理部门	高速公路企业			
西藏	●			●		2
陕西	●	●			●●	4
甘肃	●	●		●		3
青海	●	●			●●	4
宁夏	●			●		2
新疆	●					1
合计	31	17	3	29	23	103
		20				

其中,按照特服号码分类(含12328),五位或六位特服号码80个,普通号码23个;按照号码资源分类,12328号码31个,12122特服号码20个,96字头号码29个,其他号码23个。在开通的12122号码中,开设在高速公路行政管理部门的号码17个,开设在高速公路企业的号码3个。具体详见表7-6。

客服电话分类统计　　　　　　　　　　　　　　　表7-6

项　目		开通数量	备　注
特服号	12328	31	
	12122	20	17个设在高速公路行政管理部门,3个设在高速公路企业
	96字头	29	
长号码		23	
总计		103	

统计显示,2017年各省份公路客服电话开通数量较2016年相比有所增加,同比增加8.4%,但在12328、12122和96字头短号码开通数量方面,与2016年相比未有显著增加,主要原因体现在几个方面:一是12328交通运输服务监督电话已经实现全国各省覆盖推广;二是部分省份的公路交通微信公众号与客户端开通了互动功能,对于路况、路线和出行等有关问题,后台工作人员及时通过语音或文字进行回复,与传统客服电话互为补充;三是部分省份实现12328与12122并线或合署接听,并由一个部门进行统一管理,满足了高速公路出行服务和救援需要,提升了对出行者的服务能力和效果。

六、高速公路服务区建设与服务质量情况

截至2017年底,我国高速公路服务区数量突破2 800对,总量位居世界首位。服务

区基础服务设施不断完善，服务功能全面拓展，服务质量大幅提升，服务区供给侧结构性改革成效初步显现。服务区已成为高速公路交通的"驿站"和"窗口"，是公众安全、便捷、舒适出行的重要保障。服务区管理水平、服务质量不断提高，在满足社会公众多样化、高品质出行需求方面，发挥了举足轻重的作用。

自2014年全国高速公路服务区文明服务创建工作开展以来，在部公路局牵头组织、中国公路学会配合下，不断完善全国高速公路服务区服务质量等级评定办法和计分标准。为全面提升全国高速公路服务区服务质量，满足公众安全便捷出行需求，按照《交通运输部办公厅关于开展2017年全国高速公路服务区服务质量等级评定工作的通知》，交通运输部公路局会同中国公路学会及各省（区、市）交通运输厅（委）组织有关单位及专家，于2017年4月对本辖区全国运营一年以上的高速公路服务区和停车区的服务质量进行了考核评定，对各地推荐的全国百佳示范服务区进行了现场考核。北京窦店服务区等100对服务区获授全国百佳示范服务区标识（表7-7），河北香河服务区等400对服务区获授优秀服务区标识，另有达标服务区1585对，达标停车区309对。

高速公路百佳服务区　　　　　　　　　　　　　　　　　表7-7

省份	服务区数量（对）	2017年百佳示范服务区数量（对）	2017年百佳示范服务区名称
北京	11	1	窦店服务区
天津	31	1	温泉城服务区
河北	173	6	邢台服务区、涿州服务区、野三坡服务区、徐水服务区、衡水湖服务区、石家庄东服务区
山西	116	3	河津服务区、垣曲服务区、平遥服务区
内蒙古	117	2	哈素海服务区、兴和服务区
辽宁	67	5	甘泉服务区、凤城服务区、云峰山服务区、三十里堡服务区、西海服务区
吉林	60	2	东海服务区、松原服务区
黑龙江	80	3	得莫利服务区、扎龙服务区、安达服务区
上海	15	1	枫泾服务区
江苏	103	5	仪征服务区、六洞服务区、堰桥服务区、苏通大桥服务区、阳澄湖服务区
浙江	73	5	南岸服务区、北岸服务区、长安服务区、常山服务区、桐庐服务区
安徽	107	5	龙门寺服务区、香铺服务区、九华山服务区、新桥服务区、福山服务区
福建	110	5	青云山服务区、赤港服务区、朴里服务区、武夷山服务区、古田服务区

续上表

省份	服务区数量（对）	2017年百佳示范服务区数量（对）	2017年百佳示范服务区名称
江西	106	5	庐山服务区、庐山西海服务区、军山湖服务区、泰和东服务区、吉安服务区
山东	109	4	济南服务区、德州服务区、诸城服务区、沂源服务区
河南	154	6	鹤壁服务区、周口东服务区、安阳服务区、灵宝服务区、平顶山服务区、镇平服务区
湖北	133	3	潜江服务区、恩施服务区、天门服务区
湖南	132.5	4	长沙服务区、湘潭服务区、花垣服务区、珠山服务区
广东	158	4	顺德服务区、珠玑巷服务区、雅瑶服务区、葵洞服务区
广西	225	3	百色服务区、东山服务区、崇左服务区
海南	6	0	无
重庆	61	3	大路服务区、武隆服务区、冷水服务区
四川	123	5	金堂服务区、泸州西服务区、淮口服务区、蒲江服务区、夹江天福服务区
贵州	95	5	仁怀服务区、久长服务区、铜仁服务区、向阳服务区、金银山服务区
云南	136	4	墨江服务区、双廊服务区、潞江坝服务区、母鸡山服务区
西藏	0	0	无
陕西	100	4	秦岭服务区、耀州服务区、天竺山服务区、安康西服务区
甘肃	52	2	武威服务区、礼县服务区
青海	7.5	1	马场垣服务区
宁夏	20	1	滨河服务区
新疆	62	2	库车服务区、愉群翁服务区

这次全国百佳示范和优秀服务区的检查考核，对于我国高速公路服务区建设和运营，是一次大练兵与大检阅。在认真学习贯彻党的十九大精神，努力实现"交通强国"目标的背景下，有效发挥了示范引领作用，带动了全国高速公路服务区提质升级，为更好地服务公众出行发挥了积极作用。服务区总体建设与服务质量情况特点如下。

（一）示范服务区持续引领建设标准

自2015年起，交通运输部首次组织服务区服务质量等级评定工作，评选出的全国示范服务区对全国高速公路提升整体形象和服务水平标准起到了明显的示范引领作用。随着2017年百佳示范服务区的评定，越来越多的服务区在硬件建设上有了大幅度改善，服务区房建、消防、卫生间、走廊、污水处理等建设标准得到了有效提升。同时在服务区建设中还注重融入"互联网+"元素,如"智慧支付""智慧销售""智能环保"等,有效提升了服务区智能化服务水平。可以看出,示范服务区的评定工作切实起到了"比学赶超、全面提升"的效果。

(二)以人为本引领服务理念转型升级

遵循以人为本的观念,就是坚持把"用户需求"置于服务区规划设计的核心地位,把不断满足日益增长的出行人员作为长期目标。在服务区功能建设的细微之处体现出人性化,比起传统的追求最大利用率、最经济的建筑设计,人性化服务区更有助于提升使用者的观赏度与使用感受。如服务区配置了第三卫生间、母婴室、冬季温水洗手、剩余停车位提示系统、充电站和加气站、免费WiFi、自驾游服务区等服务设施,部分服务区还增设了休闲区、果木区、篮球场、儿童娱乐区等。

(三)协调发展推动服务内容向精细化迈进

服务区在协调发展的要求下,注重与当地的环境、自然、民俗、文化相结合的发展模式,注重位于特色风景区路线上的关键服务区,促进周边经济的协调发展,让历史文化与使用功能相互衬托、相互照应,通过现代化功能设施的外包装反映当地民俗风情。如服务区在建设过程中,从污水分类处理到排放,节能减排的景观设计,可回收材料制作的垃圾桶等,注重对当地环境的保护;同时考虑当地的艺术文化、风俗礼节、风土特产,加以提炼、概括、运用,丰富服务区的设计特色和服务品类。

七、社会化出行服务系统应用情况

2017年,部级层面及各省公路交通管理部门都已积极开展与互联网企业,特别是与高德、百度、千方等开展全方面合作,取得了积极的进展。部路网中心联合高德、千方、部规划院、部交科院等,分别利用多元数据,开发了国家高速公路运行状态监测系统;利用中国联通手机信令定位数据,开发了京津冀地区部分路网交通运行状态感知系统。此外,在重大节假日前后,部路网中心联合部规划院、中国气象局、高德、千方等,基于行业内外数据资源开展全国公路网运行研判趋势分析,已基本形成固定模板和发布内容。目前,这一领域的合作正走向深入,走向常态化,形成了进一步提升的内在动力。

地方各级交通运输部门与社会化企业和研究机构开展了广泛的合作,积极推进出行服务政企合作,打造"互联网+信息服务"新格局,共有21个省份与支付宝、高德、腾讯等开展出行服务合作,取得了良好的服务效果。

然而,从行业整合应用与市场化融合发展的角度来看,市场化水平还有待进一步提升。在"以建设为导向"模式向"以服务为导向"发展和管理模式的过渡中,建立出一种"效率高、效益大、效果好"的政府-市场合作机制,建立出行业整合与市场化、社会化的协同发展的合作模式,目前都还处于探索和尝试阶段。

第八章 全国干线公路网应急保障工作情况及业务体系建设情况

2017年,我国公路应急管理体制机制建设稳步发展,2017版《公路交通突发事件应急预案》正式发布,国、省、市、县四级公路交通应急预案体系日趋完善;公路基层应急能力不断提升,15省(区、市)已经组建了省级应急救援队伍,国省干线和高速公路应急救援队伍在突发事件应急过程中得到了锻炼和提升;9月30日,交通运输部在福建省福州市开展了以台风灾害应急处置为主题的"2017年度全国公路交通军地联合应急演练"。

一、公路交通突发事件应急管理和处置能力建设情况

(一)公路应急管理体制机制逐步完善

2017年,公路应急管理体制机制建设稳步发展,一是2017版《公路交通突发事件应急预案》正式发布,国、省、市、县四级公路交通应急预案体系日趋完善;二是在公路应急组织机构建设方面,各省公路管理部门依据应急预案成立了相应的应急组织机构,保障公路突发事件应急处置各项工作有序开展;三是在跨部门和跨区域联动机制建设方面,以重要节假日和"一带一路"国际合作高峰论坛、厦门金砖会晤等重大活动路网服务保障为契机,进一步强化了区域路网联席会议制度,为推进部省联动机制建设、建立跨部门和跨区域应急联合会商机制的建立打下良好基础。

(二)公路应急能力进一步提升

2017年,全国公路部门应急能力有效提升,多省组建了专业化的应急救援队伍,同时,根据辖区公路突发事件的类型,储备了较为完善的应急装备物资,成功应对了恶劣天气、地质灾害、低温雨雪冰冻灾害天气和重特大交通事故等公路突发事件,有效保障了路网运行畅通和人民群众便捷安全出行。

1. 公路应急队伍建设

公路基层应急能力在突发事件应急处置过程中得到锻炼和提升,国省干线和高速公路应急抢通力量逐渐专业化和正规化。截至2017年底,北京、天津、辽宁、黑龙江、上海、浙江、安徽、江西、广东、海南、湖北、海南、贵州、甘肃和宁夏等15省(区、市)已经组建了省级应急救援队伍。部分省份高速公路和国省干线应急救援队伍情况如表8-1所示。

部分省份应急救援队伍概况　　　　表8-1

省　份	高速公路应急队伍(支)	国省干线应急队伍(支)
北京	15	18
天津	17	14
山西	73	11
内蒙古	8	12
辽宁	20	158
吉林	236	12
黑龙江	14	125
上海	32	23
江苏	75	13
浙江	142	93
安徽	141	91
江西	12	140
山东	105	251
湖北	34	92
湖南	14	169
广西	122	93
海南	2	18
云南	65	33
西藏	1	10
甘肃	14	15
青海	26	40
宁夏	5	5
新疆	186	303

2. 应急装备物资储备

2017年,国家级区域性公路交通应急物资储备中心建设仍在建设推进当中,具体建设进展见表8-2。全国多数省份公路管理部门已经建立起省、市、县三级应急物资储备体系,各省依据辖区公路突发事件的特点储备了除雪、防汛、清障、机械化桥和公路抢修抢通等机械装备,以及融雪剂、防滑料、沙袋等常用应急物资。同时,无人机、应急通信车、模块化桥、大功率航空发动机吹雪车等高科技应急装备的使用,极大提升了公路交通突发事件应急处置效率。

国家级区域性公路应急装备物资储备中心建设情况　　　　表8-2

省 份	选址位置	前 期	在 建	建 成
吉林	长春		▲	
黑龙江	北安			▲
浙江	杭州			
山东	临沂	▲		
河南	郑州		▲	
湖南	岳阳			▲
广东	清远	▲		
四川	眉山		▲	
贵州	黔南		▲	
云南	昆明	▲		
西藏	拉萨		▲	
西藏	昌都	▲		
陕西	西安	▲		
甘肃	兰州		▲	
青海	海南自治州		▲	
新疆	昌吉、阿克苏、喀什	规划方案修改完善		

(三)公路应急指挥平台保障能力进一步增强

2017年,在应急平台建设方面,全国多数省份已基本建成信息互通、协同高效的省级路网管理与应急处置平台架构,实现对国家高速公路、国省干线公路重要路段、大型桥梁、长大隧道、大型互通式立交桥、收费站、治超站、服务区等重点监控目标的日常监测与监控,并集成公路交通安全信息,为公路突发事件应急处置提供支撑。全国多个省份通过公路交通应急指挥管理平台建设,开发了省域公路地理信息系统、公路视频管理平台、应急储备物资数据库、突发事件实时报送系统及应急指挥系统等平台和系统,完善应急通信网络,充分发挥移动交通应急平台功能,加速提高应急处置的信息化水平。

二、2017年度国家公路交通军地联合应急演练情况

2017年9月30日,交通运输部在福建省福州市开展了以台风灾害应急处置为主题

的"2017年度全国公路交通军地联合应急演练"。演练共设置5个阶段,包括12个预设科目与3个非预设科目,是历年来军地联合演练科目最多最复杂的一次,全面涵盖了台风灾害下公路交通应急救援的各个方面以及突发情况。福建省公路部门与武警交通部队的应急抢险队伍约500余人参与演练,投入了水陆两栖气垫船、水下救援机器人、蟒式全地形两栖运输车、远程遥控挖掘机、双臂双动力机械人、滑坡预警伸缩仪等20多种先进抢险救援设备,使用了新型离子土壤固化剂、应急硬质机动路面等一系列先进、快速的公路交通抢修保通技术。本次联合应急演练,达到了检验预案、锻炼队伍、磨合机制、交流技术、提升能力的预定目标,在形式和内容上实现了"四个首次",即,首次实现集中指挥与多点应急实战,首次实现非预设场景开展现场演练,首次实现部、省、市三级全方位联动,首次实现民间空中救援单元直接转运遇险人员,对推动我国公路交通应急处置水平的提升发挥了重要作用。

三、公路突发事件及应急处置情况

(一)"6·24"四川茂县特别重大山体滑坡灾害

6月24日6时许,四川省阿坝州茂县叠溪镇新磨村突发山体高位垮塌,造成四川省S448叠溪至松坪段1.6公里路段掩埋,河道堵塞2公里,100余人失联。

灾情发生后,部党组高度重视,严格按照习近平总书记、李克强总理指示批示精神和党中央、国务院的统一部署,交通运输部立即启动交通运输Ⅱ级应急响应,全力投入抗灾抢险工作。从灾后14小时起,核心灾区被掩埋公路实现抢通,通往灾区的公路保持通畅。

(二)四川九寨沟7.0级地震

8月8日21时19分,四川省阿坝州九寨沟县(北纬33.20度,东经103.82度)发生7.0级地震,震源深度20千米。地震造成G544和G247多处阻断。地震发生后,交通运输部立即进入应急值班工作状态,杨传堂书记和李小鹏部长要求全力配合,积极指导做好抢险救灾工作。李小鹏部长连夜组织召开专题会议,决定启动交通运输Ⅱ级应急响应,并派员参加国家减灾委工作组,成立应对四川九寨沟7.0级地震灾害应急小组,下设综合协调组、应急指挥组、道路保通组、运输服务组、新闻宣传组、通信保障组,指导交通运输应急抢险救援工作。

(三)西藏米林6.9级地震

11月18日6时34分,西藏林芝市米林县发生6.9级地震,震源深度10千米。经公路部门排查,地震造成 S4 林芝至米林机场专用公路 K9+400 桥栏多处裂缝,K24+500 明洞多处修补裂缝再次裂开;S8 林芝至拉萨高等级公路八一隧道处墙体出现裂纹、尼西三桥氟碳漆出现少量裂纹、八一特大桥栏杆出现大量裂缝。部分农村公路受损。

地震发生后,部公路局、路网中心第一时间研究制订了公路阻断抢通保通方案,紧急联系西藏自治区交通运输部门和武警交通部队对震区公路设施进行排查,清理坍塌落石,密切监测震区公路状况,保障公路通畅和过往车辆、人员安全。

四、2017 版《公路交通突发事件应急预案》修订说明

(一)修订思路

《公路交通突发事件应急预案》的修订思路是基于对该预案科学定位的基础上而确定的。2013 年国务院办公厅颁布《突发事件应急预案管理办法》,规定国家部门应急预案应侧重明确突发事件的应对原则、组织指挥机制、预警分级和事件分级标准、信息报告要求、分级响应及响应行动、应急保障措施等,重点规范国家层面应对行动,并体现政策性和指导性;同时规定重要基础设施保护的部门应急预案应侧重明确风险隐患及防范措施、监测预警、信息报告、应急处置和紧急恢复等内容。为此,该预案作为国家部门应急预案,其修订思路可概况为"三个侧重":一是侧重明确突发事件的组织指挥机制、事件分级标准及分级响应等,重点规范国家层面应对行动;二是侧重明确风险隐患及防范措施、监测预警、应急处置等内容;三是侧重体现政策性和指导性。

(二)主要特点

一是优化了预案的框架结构和内容。因部交通运输应急预案体系中,已包括道路运输、生产安全等突发事件处置类专项预案,同时在《交通运输综合应急预案》中设置专章对新闻发布、通信保障、征用补偿等内容进行规范。为此,本次预案修订删除了道路运输、生产安全等突发事件应急相关内容,并简化了新闻宣传、通信保障、征用补偿等应急保障内容,充分考虑了与部交通运输应急预案体系的有效衔接。

二是增强了预案的政策性和指导性。2009 年预案重点强调了国家层面关于突发事件的应对方案,以及部级层面的应急职责和应急处置要求,但对地方层面应急处置工作的指导较弱。为此,本次预案修订将增加事件分级标准、应急分级响应等内容,进一步体现预案的政策性和指导性,更好地指导地方层面的应急处置及地方预案编制工作。

三是明确了突发事件的分类分级标准。关于公路交通突发事件的分类分级,2009 年预案延续了《国家突发公共事件总体应急预案》的表述方式,将引发公路交通突发事

件的因素归纳为自然灾害、公路交通运输生产事故、公共卫生事件和社会安全事件四类。从近些年实际运行看,地震、泥石流、冰冻雨雪等自然灾害以及塌桥等事故是造成公路交通突发事件的主要因素,发生此类事件时亟须交通运输部门予以抢修保障;在发生生产事故、公共卫生事件、社会安全事件时,交通运输部门往往是配合公安、消防、安监等部门应急处置的协作部门。为此,本次预案修订将自然灾害、事故灾害等作为关键因素,并从其对公路设施影响作为落脚点,具体阐述公路交通突发事件的内涵,同时综合考虑事件影响区域、预计处置时间等因素,对突发事件进行了四级分类,并明确了具体分类情形。

四是完善了突发事件预警机制。2009 年预案从公路、交通枢纽中断以及运力需求的角度,划分预警级别。实践中,此种分级对具体工作指导作用有限。为增强实际操作性,本次预案修订确立了收集预警信息、发布预警信息、分级防御响应的工作思路,同时根据实际工作需要,规定了低温雨雪冰冻、强降水等天气下,部本级的防御响应程序及具体的防御措施。

五是完善了突发事件应急响应分级管理及响应机制。2009 年预案针对Ⅰ级、Ⅱ级、Ⅲ级、Ⅳ级突发事件,分别由交通运输部、省级交通运输主管部门、市级交通运输主管部门、县级交通运输主管部门启动本级应急响应,但未规定应急响应级别。为此,本次预案修订建立了国家、省、市、县四级管理部门的应急响应分级规定,提高响应启动的合理性和及时性。比如,2009 年预案规定Ⅰ级以下公路突发事件由地方交通运输部门启动应急预案,易造成国家层面应对突发事件缺乏自主性,不能充分调度全国应急资源,全力应对重大灾害事件。为此,本次预案修订在明确部Ⅰ级应急响应外,还建立了部Ⅱ级应急响应机制,即对达不到Ⅰ级响应条件的突发事件,由部负责指导和协助地方开展应急处置工作,同时充分保障了地方启动应急响应的自主性,使地方交通运输部门启动的响应级别能够更好地与本级政府和上级交通运输部门启动响应级别相匹配。

第九章 免费通行情况

2017年,交通运输行业深入贯彻落实党中央、国务院关于推进供给侧结构性改革和降低实体经济企业成本的决策部署,进一步加大惠民措施力度,促进物流业"降本增效"。全国收费公路共减免车辆通行费821.7亿元,占2017年度应收通行费总额的13.8%。其中,"绿色通道"(鲜活农产品运输车辆)减免339.8亿元,重大节假日小型客车免费通行减免291.2亿元,其他政策性减免190.7亿元,占比分别为41.3%、35.4%和23.2%。全国收费公路车辆通行费减免额比上年增加132.5亿元,增长19.2%。其中,"绿色通道"(鲜活农产品运输车辆)减免增加9.9亿元,增长3.0%;重大节假日小型客车免费通行减免增加53.4亿元,增长22.5%;其他政策性减免增加69.1亿元,增长56.8%。

在继续严格执行鲜活农产品运输"绿色通道"政策、重大节假日小型客车免费通行等惠民政策的基础上,鼓励各地优化和实施货车通行费优惠政策,推进高速公路差异化收费。各项惠民措施的实施为降低鲜活农产品流通成本、降低物流业成本、实惠人民群众出行做出了重要贡献。

一、节假日免费通行情况

2017年是重大节假日免收小型客车通行费政策实施的第六年,春节、清明节、劳动节和国庆节四个重大节假日全国收费公路继续实施免收小型客车通行费政策,节假日首日零时至节假日最后一日24时,7座及以下载客车辆以及允许在普通收费公路行驶的摩托车免费通行。实行免费通行期间,各级交通运输主管部门采取有效措施,确保全国路网整体有效运行,提高收费站通行效率,同时确保ETC车道正常有效使用。

交通运输部门采取多项措施,确保全面做好小型客车免费通行工作:一是所有收费公路的免费道口实行不发卡抬杆放行,提高通行效率,确保车辆快速、平稳、有序通过收费站。二是加强与气象、公安等相关部门的进一步合作与工作联动,强化恶劣天气的预测预警,加强对重点路段的交通疏导和秩序维护,提前制订分流和绕行方案,及时发布出行信息,确保路网正常运行。三是进一步提升服务水平。加强信息发布,利用新闻媒体、互联网、手机短信平台等多种形式及时发布路况等信息,引导公众合理出行。四是进一步提升高速公路服务区服务质量,确保餐饮卫生合格、车辆维修便捷、加油安全放心。

(一) 2017年重大节假日小型客车免费通行期间路网运行总体特征分析

根据"重大节假日免费通行数据报送系统"统计分析,2017年春节、清明节、劳动节和国庆节四个重大节假日小型客车免费通行期间,全国收费公路交通流量达87 185.78万辆,收费公路交通流量日均达4 242.02万辆。其中,高速公路交通流达81 245.6万辆,日均达3 949.3万辆;高速公路小型客车交通流量达72 230.17万辆,占高速公路交通流量总数的88.5%,日均达3 477.92万辆。

四个重大节假日中,交通流量总量排名与2016年相同,为国庆节、春节、劳动节、清明节,其中国庆节和春节交通流量最大,高速公路交通流量分别为33 612.58万辆和22 480.69万辆,与2016年同比分别增长24.42%和15.84%。具体如图9-1所示。

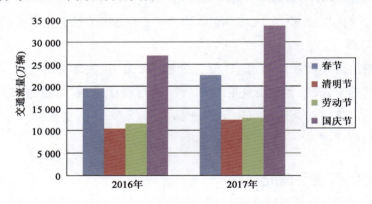

图9-1　2016—2017年度重大节假日小型客车免费通行期间交通流量总量对比

四个重大节假日中,高速公路日均交通流量排名与2016年相同,劳动节达到4 265.55万辆位列第一,国庆节为第二位为4 201.57万辆;与2016年同比分别增长了10.99%和8.87%。具体如图9-2所示。

此外,四个重大节假日小型客车免费通行期间,高速公路小型客车交通流量占比均在85%以上,其中,春节高速公路小型客车交通流量占比最高,达到95.53%。具体情况如表9-1所示。

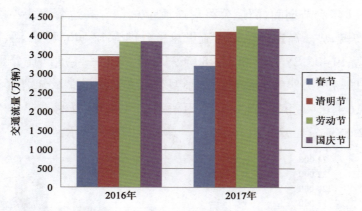

图9-2 2016—2017年度重大节假日小型客车免费通行期间日均交通流量对比

2017年重大节假日免费通行期间路网交通流量 表9-1

节假日	春节	清明节	劳动节	国庆节
收费公路交通流量总量(万辆)	24 016.30	13 263.67	13 813.17	36 092.64
收费公路交通流量日均(万辆)	3 430.90	4 421.22	4 604.39	4 511.58
日均同比增长(%)	12.75	15.09	8.56	6.74
高速公路交通流量总量(万辆)	22 480.69	12 355.68	12 796.65	33 612.58
高速公路交通流量日均(万辆)	3 211.53	4 118.56	4 265.55	4 201.57
日均同比增长(%)	15.28	19.13	10.99	8.87
高速公路小型客车交通流量总量(万辆)	21 474.97	10 618.38	10 978.87	29 157.95
高速公路小型客车交通流量日均(万辆)	3 067.85	3 539.46	3 659.62	3 644.74
日均同比增长(%)	15.59	20.21	9.98	10.70
高速公路小型客车总流量占总量比(%)	95.53	85.94	85.79	86.75

(二)春节长假期间路网运行特征分析

2017年春节期间整体天气较好,前期和中期局部雨雾雪天气对公路通行影响较少,路网运行整体平稳。春节是我国的传统节日,为了能及时赶回家中团聚,远在外地的公众部分提前返乡,至除夕交通量明显回落。除夕成为整个春节假期高速公路交通量最低点,也是春运以来交通量的最低点,节前分流现象较往年更为明显。出行结构和出行目的地更为多元。在今年春节假期,除了通常的探亲聚会外,中短途的旅游、休闲度假、民俗体验等出行活动更为普遍。从大年初二开始,出现短途出行集中情况,城市周边热点景区附近公路出入口压力较大,交通流的"潮汐"现象较为明显,成为假期中段的出行高峰,呈现流量上升拐点。从大年初四开始出现返程车流增加情况,大年初五午后返程交通流呈上升趋势。

2013—2017年春节期间,高速公路交通流量总量与高速公路小型客车交通流量总量均呈连续上升趋势。高速公路交通流量总量分别为12 506.73万辆、14 441.59万辆、17 433.92万辆、19 406.25万辆和22 480.69万辆,与上一年度同比分别增长15.47%、20.72%、11.31%和15.84%。高速公路小型客车交通流量总量分别为11 498.59万辆、13 408.4万辆、6 476.71万辆、18 440.17万辆和21 474.97万辆,与上一年度同比分别增长16.61%、22.88%、11.92%和16.46%。具体如图9-3所示。

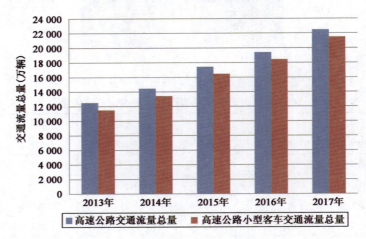

图9-3　2013—2017年春节期间高速公路交通流量总量对比

(三)清明小长假期间路网运行特征分析

2017年清明小长假期间,交通量时空分布不均,车流量与拥堵主要集中在京津冀、长三角、珠三角、成渝等地区,交通量呈"马鞍形"(M形)分布特征以及日交通量呈"潮汐式"分布特征。小长假期间,通往陵园、热门景区沿线、部分主要通道路段与大城市周边高速路网进出境路段,以及部分通行能力较低的瓶颈路段等,在清明期间出现了不同程度的拥堵,并对沿线收费站、服务区的正常通行造成较大影响。

2013—2017年清明节期间,高速公路交通流量总量及高速公路小型客车交通流量总量呈连续上升趋势。高速公路交通流量总量分别为6 887.6万辆、8 034.26万辆、9 549.57万辆、10 371.29万辆和12 355.68万辆,与上一年度同比分别增长16.65%、18.86%、8.6%和19.13%。高速公路小型客车交通流量总量分别为5 579.4万辆、6 643.15万辆、8 137.92万辆、8 833.15万辆和10 618.38,与上一年度同比分别增长19.07%、22.5%、8.54%和20.21%。高速公路小型客车交通流量增幅大于高速公路交通流量增幅。具体如图9-4所示。

图 9-4　2013—2017 年清明节期间高速公路交通流量总量对比

（四）"五一"劳动节小长假期间路网运行特征分析

2017 年"五一"劳动节小长假期间，全国公路网交通出行继续呈现"高需求、稳增长、量集中、散分布"的总体特征，以旅游度假、探亲访友为主的中短途交通流量增长幅度较大，且时段相对比较集中，全国高速公路及国省干线车流量呈现不规则"V"形特征。交通流与拥堵情况主要集中在京津冀、长三角、珠三角、成渝等地区，以及各大中城市主要出入口、重点景区周边、重要旅游路线等路段。部分大中城市周边路网"潮汐式"日分布特征较为明显。

2013—2017 年劳动节期间，高速公路交通流量总量及高速公路小型客车交通流量总量呈连续上升趋势。高速公路交通流量总量分别为 7 439.06 万辆、8 789.76 万辆、10 367.52 万辆、11 552.8 万辆和 12 796.65 万辆，与上一年度同比分别增长 18.16%、17.95%、11.43% 和 10.77%。高速公路小型客车交通流量总量分别为 6 036.22 万辆、7 491.12 万辆、9 030.43 万辆、10 003.7 万辆和 10 978.87 万辆，与上一年度同比分别增长 24.1%、20.55%、10.78% 和 9.75%。高速公路小型客车交通流量增幅大于高速公路交通流量增幅。具体如图 9-5 所示。

（五）"十一"国庆长假期间路网运行特征分析

2017 年受国庆、中秋假期合并、天气情况总体良好等因素影响，远途出行人数进一步增多，热门旅游景区客流增长幅度较大，自驾游车流量保持较高水平。从 9 月 30 日起，大中城市周边公路出城车流逐步增加，至 10 月 1 日达到出行车流高峰；10 月 2 日—4 日路网运行相对平稳，其中中秋节当天（10 月 4 日）全国高速公路及主要城市进出城流量均处于相对较低水平；从 10 月 5 日起，返程车流开始增多，短途出行与返程车流叠加,部分路段出现双向缓行情况;10月6日—7日,主要通道、各大中城市周边路网出现阶段性返程车流高峰,但未发生大范围或长时间拥堵情况;假期最后一天(10月8日),路网总交通流量和重点城市出入城流量明显回落,返程高峰持续时间和强度均低于前两日。

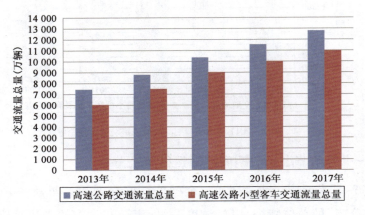

图 9-5　2013—2017 年劳动节期间高速公路交通流量总量对比

2013—2017 年国庆节期间,高速公路交通流量总量及高速公路小型客车交通流量总量呈连续上升的趋势。高速公路交通流量总量分别为 18 577.36 万辆、21 074.8 万辆、23 570.03 万辆、27 015.71 万辆和 33 612.58 万辆,与上一年度同比分别增长 13.44%、11.84%、14.62% 和 24.42%。高速公路小型客车交通流量总量分别为 15 419.21 万辆、17 820.39 万辆、22 551.18 万辆、23 046.15 万辆和 29 157.95 万辆,与上一年度同比分别增长 15.57%、26.55%、2.19% 和 26.52%。高速公路小型客车交通流量增减幅度大于高速公路交通流量增减幅度。具体如图 9-6 所示。

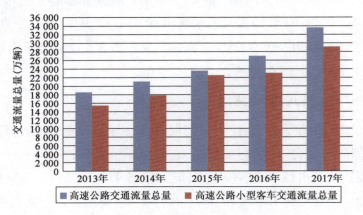

图 9-6　2013—2017 年国庆节期间高速公路交通流量总量对比

二、全国鲜活农产品运输"绿色通道"服务情况

自 2005 年起,交通运输部会同农业部、商务部、公安部、国务院纠风办、发展改革委、财政部等部门指导各地有关部门,积极开通和建设鲜活农产品运输"绿色通道",落实相关优惠政策,服务鲜活农产品运输。从多年来的实际执行情况看,运行情况良好。

2013—2016 年,全国收费公路分别免收鲜活农产品运输车辆通行费 226.2 亿元、248.4 亿元、281.0 亿元和 329.8 亿元。2017 年,交通运输部继续督促各地严格执行鲜活农产品运输"绿色通道"政策,确保整车合法装载鲜活农产品车辆免缴车辆通行费便捷通行,全年鲜活农产品运输车辆减免通行费 339.8 亿元,占全年通行费减免总额的 41.35%。

第十章 全国收费公路网联网收费与服务情况

一、全国 ETC 联网运营概况

2017 年是实现全国 ETC 联网之后的第二年,也是全国 ETC 行业蓬勃发展的一年。这一年,本着"以人民为中心"的发展理念,全国 ETC 联网运营工作在基础设施、用户总量、联网交易、应用领域、社会效益等五个方面取得显著的成绩,为推动运输行业"降本增效",推进"互联网+"交通运输做出了巨大贡献。

一是基础设施日渐完善。截至 2017 年底,29 个省(区、市)累计建成收费站 8 615 个、ETC 车道 1.72 万条、各类服务网点 5.28 万个、服务终端 3.01 万个。这些基础设施的建成为方便公众出行、提升服务质量提供了有力保障。

二是用户总量显著增加。全网用户由 2016 年底的 4 521 万增至 2017 年底的 6 047 万,同比增长 33.76%,用户总量月均增长 127 万。在全网 6 047 万用户中,合作代理网点发展用户数量超过了 72%,合作代理网点已成为拓展用户的重要渠道。

三是联网交易快速增长。2017 年 12 月已联网省份总交易量达到 8.54 亿笔,同比增长 10.56%;非现金交易量达到 3.25 亿笔,同比增长 32.69%;跨省清分交易量达到 0.54 亿笔,同比增长 62.38%。联网交易快速增长的同时,越来越多的公众选择 ETC 作为收费公路通行费的支付方式。

四是应用领域不断拓宽。截至 2017 年底,沈阳、济南、洛阳等地对安装 ETC 的本地牌照小客车实行免费通行绕城高速公路的政策,郑州也正在研究相关落地政策。北京、天津、山西、辽宁、上海、浙江、江西、广东、贵州等地在机场、火车站、大型公共设施、校园等停车场广泛应用 ETC,交易比例接近或超过 50%,反响良好。山东积极推广 ETC 在加油站的应用,目前已发展 2 000 余个加油站点。河南与中石油试点发行联名卡,极大地方便了车辆用户。

五是社会效益逐步显现。ETC 的快速发展有效缓解收费站交通拥堵、节约能耗、减少污染物排放。经初步测算,2017 年全国 ETC 联网运行节约车辆燃油约 11.19 万吨,能源节约效益约 11.31 亿元;减少氮氧化物排放约 265.89 万吨,碳氢化合物排放约 886.29 万吨,一氧化碳排放约 3.33 万吨。实施 ETC 所带来的能耗与排放的减少,是其外部效益在能源环境方面的重要体现。

二、全网通行概况

1. 全国通行量分析

2017 年联网区域内总通行量约 100 亿次。广东省域内,总通行量约占全国的 1/6。

(1) 2017 年总通行量按车型分类情况:全国客车通行量约 76.8 亿次,约占总通行量的 77.5%;货车通行量约 22.3 亿次,约占总通行量的 22.5%。客车与货车通行量占比见图 10-1。

图 10-1　客车与货车通行量占比图

(2) 2017 年全网通行量按交易方式分类情况:全国非现金方式的通行量约为 34.0 亿次,约占总通行量的 34.3%;现金方式的通行量约为 65.1 亿次,约占总通行量的 65.7%。非现金方式与现金方式通行量占比见图 10-2。

图 10-2　非现金方式与现金方式通行量占比图

2. 全网非现金通行概况

(1) 2017 年全网非现金通行量约 34.0 亿次,较 2016 年增长 8.3 亿次,增幅达到 32.0%。2017 年客车非现金通行量约 29.8 亿次,约占非现金通行量的 88%;2017 年货车非现金通行量约 4.2 亿次,约占非现金通行量的 12%。客车与货车非现金交易量占比见图 10-3。

(2) 2017 年月均非现金支付使用率约 34.3%,较 2016 年提高近 6 个百分点。2016 年与 2017 年月均非现金支付使用率占比见图 10-4。2017 年月均非现金

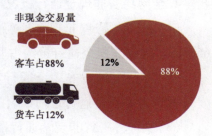

图 10-3　客车与货车非现金交易量占比图

支付使用率超过40%的省份有北京、江苏、重庆以及陕西。

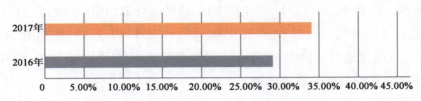

图10-4　2016年与2017年月均非现金支付使用率占比图

3. 全网ETC通行概况

（1）2017年ETC通行量约27.7亿次，约占通行总量的27.97%，较2016年增长6.2亿次，增幅约为29%。2016年与2017年ETC通行量占比见图10-5。

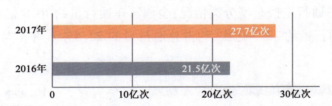

图10-5　2016年与2017年ETC通行量占比图

（2）2017年月均客车ETC使用率约39.6%，较2016年提高约5个百分点。2016年与2017年月均客车ETC使用率占比见图10-6。

2017年月均客车ETC使用率超过35%的省份有北京、天津、辽宁、上海、浙江、福建以及重庆。

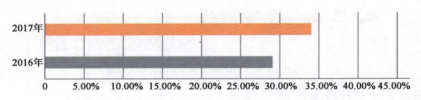

图10-6　2016年与2017年月均客车ETC使用率占比图

4. 全网跨省非现金通行概况

（1）2017年跨省非现金通行量约5.8亿次，较2016年增长2.3亿次，增幅达到65.9%，跨省非现金通行量约占非现金通行总量的17%。

（2）发行方跨省非现金通行量前5名的省份分别为河北、江苏、上海、北京、浙江。发行方跨省非现金通行量前5名的省份见图10-7。

（3）服务方跨省非现金通行量前5名的省份为江苏、北京、河北、上海和山东。服务方跨省非现金通行量前5名的省份见图10-8。

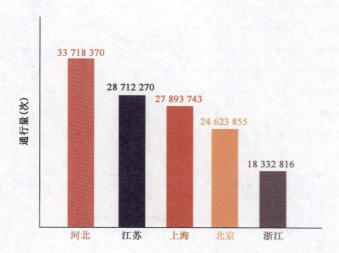

图 10-7　发行方跨省非现金通行量前 5 名的省份

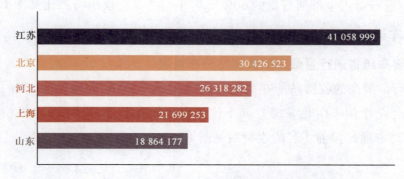

图 10-8　服务方跨省非现金通行量前 5 名的省份

三、专项分析

（一）通行量分析

1. 繁忙的收费站情况

全国收费站跨省车流量分布特点为约 23% 的收费站贡献了 80% 的跨省车流量。全国跨省车流量前 20 名的省份主要集中在京津冀、长三角、珠三角地区。

2. 收费站繁忙时段情况

收费站日车流量呈"双峰"态势，收费站较繁忙时段分别为 10—12 时和 14—16 时。一天中不同时间段流量分布见图 10-9。

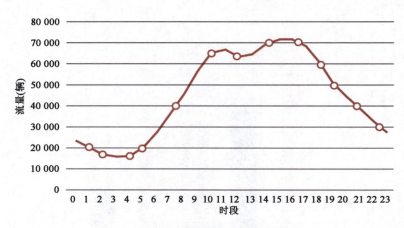

图 10-9　一天中不同时间段流量分布图

3. 昼夜出行情况

全国客车白昼（8 时至 20 时）通行量占全部通行量的 81%。全国货车黑夜（20 时至次日 8 时）通行量占全部通行量的 60%。客车与货车昼夜出行占比见图 10-10。

（二）客车通行特征

1. 各省客车跨省通行量最高的收费站分布情况

各省通行量最高的收费站所在高速公路已覆盖"71118"路网的 89.7%（11 个位于首都放射线上，7 个位于南北纵线上，8 个位于东西横线上），其中 25 个站位于省界处。2017 年客车跨省通行量前 4 名的收费站见图 10-11。

图 10-10　客车与货车昼夜出行占比图

图 10-11　2017 年客车跨省通行量前 4 名的收费站

2. 客车 ETC 跨省通行情况

全国跨省通行交互较多的为江苏—上海、北京—河北、河北—北京等；跨省通行交互较少的为新疆—四川、云南—广西、黑龙江—北京等。

客车跨省通行量主要集中在长三角和京津冀地区。

(三)货车通行特征

1. 各省货车跨省通行量最高的收费站分布情况

各省货车跨省通行量最高的收费站所在高速公路已覆盖"71118"路网的 79.3%(10 个位于首都放射线上,3 个位于南北纵线上,10 个位于东西横线上),其中 18 个站位于省界处。2017 年各省货车跨省通行量前 7 名的收费站见图 10-12。

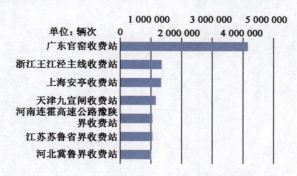

图 10-12　2017 年各省货车跨省通行量前 7 名的收费站

2. 货车 ETC 跨省通行情况

全国跨省通行交互较多的为山东—河北、山东—江苏、山东—广东等;跨省通行交互较少的为黑龙江—北京、四川—安徽、新疆—山西等。

货车跨省通行量圈主要集中在华北地区和华东地区。

3. 货车通行量与地区生产总值

各省货车通行量与当地经济发展有紧密联系。各省货车通行量与地区生产总值关系见图 10-13。

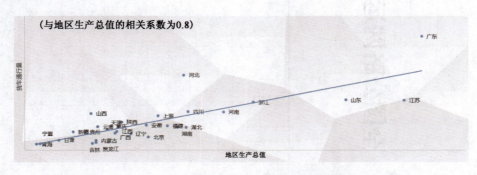

图 10-13　各省货车通行量与地区生产总值关系图

附录 A 全国公路网运行监测一览表

附表 A-1 高速公路网运行监测一览表

序号	区域	省份	车辆检测器	交通量调查设备	路段、桥梁沿线摄像机	隧道摄像机	收费站、服务区摄像机（不含收费车道）	单要素/多要素气象监测站	桥梁健康监测系统	隧道健康监测系统	上下边坡监测系统	地基沉降监测系统
1	华北	北京	823	347	1 698	207	594	41	6	0	0	0
2		天津	113	61	376	73	288	32	4	0	0	0
3		河北	540	663	5 780	2 769	789	190	5	0	0	0
4		山西	355	80	1 201	7 402	688	32	2	0	1	0
5		内蒙古	56	67	1 048	64	2 122	45	11	0	0	0
6	东北	辽宁	438	62	796	1 531	577	52	0	0	0	0
7		吉林	236	114	1 661	1 180	371	53	1	0	0	0
8		黑龙江	187	69	853	31	528	40	7	2	1	0
9	华东	上海	714	137	4 242	230	279	302	11	3	0	0
10		江苏	138	109	4 469	84	3 312	132	10	5	4	0
11		浙江	853	114	1 431	4 148	1 389	198	10	9	5	0
12		安徽	472	106		1 390	701					

附录A 全国公路网运行监测一览表

续上表

序号	区域	省份	车辆检测器	交通量调查设备	路段、桥梁沿线摄像机	隧道摄像机	收费站、服务区摄像机(不含收费车道)	单要素/多要素气象监测站	桥梁健康监测系统	隧道健康监测系统	上下边坡监测系统	地基沉降监测系统
13	华东	福建	896	82	2 592	10 986	2 388	30	11	0	67	1
14		江西	428	28	1 021	2 044	532	71	2	0	12	3
15		山东	376	277	4 265	366	1 193	54	7	1	1	0
16	华中	河南	640	0	2 435		10 993	79	2	0	1	0
17		湖北	375	36	1 157	4 853	1 625	117	10	1	2	0
18		湖南	4 656	86	1 872	2 513	763	140	6	3	4	1
19	华南	广东	399	141	2 677	1 606	1 639	2	9	6	21	10
20		广西	0	51	618	2 873	1 063	8	1	0	16	1
21		海南	53	23	291	8	21	10	4	0	0	0
22	西南	重庆	475	11	1 450	8 634	5 394	131	22	1	3	1
23		四川	1 145	77	1 436	6 450	2 692	484	6	1	14	2
24		贵州	1 250	114	1 704			141	5	0	1	0
25		云南	310	164	1 815	720	470	22	8	0	0	0
26		西藏	0	0	48	13	0	0	0	2	0	0
27	西北	陕西	607	119	2 143	6 213	1 153	18	5	0	0	0
28		甘肃	663	78	206	2 856	355	34	3	0	1	0
29		青海	38	16	701	1 843	2 238	107	0	0	0	0
30		宁夏	63	85	279	387	167	10	3	0	0	0
31		新疆	392	93	441	124	420	47	1	0	0	0

附表 A-2

普通国省干线公路网运行监测一览表

序号	区域	省份	车辆检测器	交通量调查设备	路段、桥梁沿线摄像机	隧道摄像机	收费站、服务区摄像机(不含收费车道)	单要素/多要素气象监测站	桥梁健康监测系统	隧道健康监测系统	上下边坡监测系统	地基沉降监测系统
1	华北	北京	282	654	666	104	0	33	7	0	0	0
2		天津	0	211	298	0	0	1	0	0	0	0
3		河北	466	342	5 731	991	793	199	0	0	0	0
4		山西	683	29	971	3 870	603	0	0	0	0	0
5		内蒙古	24	83	64	32	878	0	0	0	0	0
6	东北	辽宁	0	522	231	44	0	4	2	0	0	0
7		吉林	0	331	2	0	52	0	0	0	0	0
8		黑龙江	0	97	0	0	0	0	0	1	0	0
9	华东	上海	78	192	224	4	0	4	4	0	0	0
10		江苏	725	381	2 694	26	119	2	35	0	0	0
11		浙江	0	407	259	613	48	0	5	0	0	0
12		安徽	237	306	305	12	38	0	10	9	0	0
13		福建	0	185	714	91	13	0	1	0	0	0
14		江西	0	221	299	6	0	0	1	0	0	0
15		山东	694	122	1 698	119	139	1	6	0	0	0

续上表

序号	区域	省份	车辆检测器	交通量调查设备	路段、桥梁沿线摄像机	隧道摄像机	收费站、服务区摄像机(不含收费车道)	单要素/多要素气象监测站	桥梁健康监测系统	隧道健康监测系统	上下边坡监测系统	地基沉降监测系统
16	华中	河南	0	316	92	0	0	1	1	0	0	0
17		湖北	400	290	74	32	106	0	0	0	0	0
18		湖南	13	28	547	13	18	0	2	2	0	0
19	华南	广东	240	146	333	15	0	0	4	0	0	0
20		广西	0	0	86	2	0	0	0	0	0	0
21		海南	0	0	68	0	0	0	0	0	0	0
22	西南	重庆	0	166	543	116	0	0	0	0	0	0
23		四川	0	247	0	0	0	0	6	0	0	0
24		贵州	20	61	163	0	0	0	1	0	0	0
25		云南	0	115	90	283	162	0	0	0	0	0
26		西藏	0	98	44	0	0	0	0	0	0	0
27	西北	陕西	19	122	137	0	0	6	0	0	7	0
28		甘肃	236	98	41	102	71	4	1	0	0	0
29		青海	220	55	118	35	0	18	0	0	0	0
30		宁夏	0	85	0	0	0	0	0	0	0	0
31		新疆	17	327	38	32	98	9	0	0	0	0

附录B 2017年全国公路出行服务系统一览表

（含ETC，数据截至2017年底）

省份	服务类别	名 称	运营管理和维护单位/合作对接单位	年度运行和服务情况/合作形式与频率	备 注
北京	出行服务网站或网页	北京市交通委员会网站	北京市交通委员会		
		北京市交通委员会运输管理局	北京市交通委员会		全市普通公路视频截图发布（5分钟更新一次）
		北京市道路交通信息网	北京市交通委员会运输管理处		
		北京市交通委员会路政局	北京市交通委员会路政局		
		首发高速出行网	北京市首都公路发展集团有限公司		
		北京速通科技有限公司网站	北京速通科技有限公司		业务通告、业务介绍、月结单查询、对公充值等
		北京省际客运信息网	北京海博票务服务有限公司（北京省际客运联网售票管理中心）		
		华北高速公路股份有限公司高速服务网页	华北高速公路股份有限公司		
		交通出行网	北京国高文化传媒有限责任公司		
		高速网	北京国高文化传媒有限责任公司		
		北京市公路出行信息服务网站	北京市交通委员会路政局		全市普通公路视频截图发布（5分钟更新一次）

续上表

省份	服务类别	名称	运营管理和维护单位/合作对接单位	年度运行和服务情况/合作形式与频率	备注
北京	新浪认证微博	交通北京	北京市交通委员会		发布与公众出行相关的服务型信息
		北京市路网中心	北京市道路路网管理与应急处置中心		
		北京路政 b	北京市交通委员会路政局		
		北京交通	北京市交通委员会		
		北京交通订阅号	北京市交通委员会		
	微信公众号	北京路网	北京市交通信息中心路政局分中心（北京市道路路网管理与应急处置中心）		
		路网快报	北京市道路路网管理与应急处置中心		重大节假日前夕北京市公路网交通运行情况预测及节后总结
		首都高速	北京市首都公路发展集团有限公司		
		速通卡	北京速通科技有限公司		业务介绍、网点查询、优惠信息、业务咨询等
		华北京津塘	华北高速公路股份有限公司		高速路况、路况图片、高速服务
		壹行天下服务号	中交信有限责任公司		
		路况交通眼	北京市交通委员会		
		北京交通	北京市交通委员会		
		北京服务您	北京市交通信息中心		
	移动客户端	乐速通	北京速通科技有限公司		申请办卡、速通卡充值、余额查询、月结单查询、交易明细查询、速通卡延期、用户信息修改、路费补交等

续上表

省份	服务类别	名称	运营管理和维护单位/合作对接单位	年度运行和服务情况/合作形式与频率	备注
北京	移动客户端	壹行天下	中交信有限责任公司		
		乐行高速	北京市首都公路发展集团有限公司		
	客服电话	010-12328 交通服务监督电话	北京市交通委员会		坐席数13个。来电内容排序：1.路况咨询；2.对交通路政行业的建议、意见及投诉、举报
		010-96108 北京路政服务热线	北京市交通委员会路政局		
		010-96011 首发集团服务热线	北京市首都公路发展集团有限公司		呼叫中心24小时热线，为北京ETC客服电话
		010-58021111 京津塘高速公路客服热线	华北高速公路股份有限公司		
	广播电视等媒体服务与合作	北京交通广播（FM103.9）	北京市交通委员会	电话报送公路突发事件、阻断事件，节假日交通预测等专题信息发布	有直播间
		中国交通广播（FM99.6）	北京市道路路网管理与应急处置中心	如整点半点连线、节假日专题信息发布等 96108路政服务热线推广、实时报送公路突发事件、阻断访谈、视频联系直播	人员进驻TOCC进行整点连线
		腾讯大燕网"交通缓堵我来说两句"大讨论平台	北京市交通委员会	多种新媒体手段如视频直播、可视化数据以及语音科普栏目等	
	社会化合作	高德软件有限公司	北京市交通委员会路政局	"互联网+"路政战略合作，自2017—2020年，公路可变情报板动态路况发布、道路施工信息发布、路网运行特征发布、日常路网运行特征研究等	

续上表

省份	服务类别	名称	运营管理和维护单位/合作对接单位	年度运行和服务情况/合作形式与频率	备注
北京	社会化合作	滴滴公司	北京市交通委员会路政局	"互联网+"路政战略合作,自2017—2020年;道路施工信息发布,公路可变情报板动态路况发布,路网运行特征研究等	
天津	出行服务网站或网页	天津市交通运输委员会公众出行服务系统(天津市交通运输委员会门户网站)	天津市交通运输委员会		路况信息,出行线路查询,出行费用查询,基础设施查询,出行费用查询等
	新浪认证微博	天津交通	天津市交通运输委员会		
		天津路政	天津市公路处		
		天津高速公路	天津市高速公路管理处		获"十佳市直机关政务新媒体"荣誉称号
		天津高速ETC	天津市高速公路联网收费管理中心		
		天津路网	天津市政公路管理局		
	微信公众号	天津路政	天津市公路处		
		天津高速公路	天津市高速公路管理处		实时高速路况查询,施工信息查询,出行线路规划以及天气,限号查询服务
		天津高速ETC(订阅号)	天津市高速公路联网收费管理中心		ETC在线办理,ETC账户信息查询,高速路况查询,相关业务信息(含活动信息)推送,用户业务咨询与投诉受理

续上表

省份	服务类别	名称	运营管理和维护单位/合作对接单位	年度运行和服务情况/合作形式与频率	备注
天津	微信公众号	天津高速联网收费（服务号）	天津市高速公路联网收费管理中心		开通微信小店，上架ETC产品，配合微信订阅号完成在线业务办理（不提供客户留言回复功能）
		天津高速	天津市高速公路经营开发有限公司		
		天津高速通	天津市高速公路管理处		路况信息、施工任务、道路天气、线路简图、路线查询、资讯及法规法则
	移动客户端	乐速通	天津市高速公路联网收费管理中心		ETC办理、绑定、充值、查询等核心在线业务，车辆相关服务业务等
		022-88908890	天津市政府	全市各行政部门、公共企事业单位统一便民服务专线，天津市人民政府直接管理	
	客服电话	022-12328	天津市交通运输委员会		来电内容排序：1.路况咨询；2.业务投诉
		022-24139801	天津市公路处		
		022-12122	天津市高速公路管理处		
		4007554007	天津市高速公路联网收费管理中心		ETC业务咨询与投诉受理
	广播电视等媒体服务与合作	天津电视台	天津市高速公路管理处	采访；按需要	
		天津人民广播电台	天津市高速公路管理处	新闻稿，每天不定时连线；按需要	
		中国交通报	天津市高速公路管理处	新闻稿；按需要	
		中国高速公路杂志	天津市高速公路管理处	新闻稿；按需要	

续上表

省份	服务类别	名称	运营管理和维护单位/合作对接单位	年度运行和服务情况/合作形式与频率	备注
天津	广播电视等媒体服务与合作	新华网	天津市高速公路管理处	新闻稿;按需要	
		北方网	天津市高速公路管理处	新闻稿;按需要	
		央广高速广播	天津市高速公路管理处	每天早晨、下午连线、重大节假日连线;按需要	
	社会化合作	今日头条/一点资讯/天天快报/腾讯新闻	天津市高速公路网信息服务中心	日常路况信息发布,突发事件发布,节假日突发事件特征、绕行路线等	
		凯立德导航	天津市高速公路网信息服务中心	日常路况信息发布,绕行路线等	
		一直播	天津市高速公路网信息服务中心	视频形式播报日常路况信息,突发事件发布,节假日出行特征、绕行路线等	
		百度地图	天津市高速公路管理处	路况信息数据交换	
河北	出行服务网站或网页	河北省交通运输厅公众服务网页	河北省交通运输厅		
		河北省高速公路出行信息服务网	河北省高速公路管理局指挥调度中心	高速路况信息、气象信息、高速路径规划、出行导航等	支持,有手机WAP网站,含ETC服务功能
		河北省高速公路路况信息网	河北省高速公路管理局指挥调度中心		
		河北高速ETC客服网	河北省高速公路管理局指挥调度中心		
		河北交通投资集团公司官网	河北交通投资集团公司		
		河北省交通运输厅公路管理局官网	河北省交通运输厅公路管理局		
		河北省高速公路管理局官网	河北省高速公路管理局		

续上表

省份	服务类别		名称	运营管理和维护单位/合作对接单位	年度运行和服务情况/合作形式与频率	备注
河北	新浪认证微博		河北高速96122	河北省高速公路管理局指挥调度中心	年发布信息25.6万条	为用户发布实时高速公路信息
	腾讯认证微博		河北高速96122	河北省高速公路管理局指挥调度中心		为用户发布实时高速公路信息
	微信公众号		燕赵行	河北省交通运输厅		
			河北高速	河北省高速公路管理局指挥调度中心	年发布信息95.1万条	用户可以自助查询实时高速路况信息,还提供高速气象、服务区、政策法规等信息
			河北高速之家	河北省高速公路管理局服务管理中心		
			河北交通	河北红路灯通讯科技有限公司		实时的高速查询及语音播报路况信息,完善的路径查询反电子地图导航,可定制的路况反语音播报系统,准确的GPS定位及查询服务
	移动客户端		河北高速通	河北省高速公路管理局指挥调度中心		
			尚高速	河北交投智能交通技术有限责任公司		
	客服电话		0311-12328	河北省高速公路管理局指挥调度中心	年话务量1461.6万次	坐席数18个。来电内容排序:1.路况咨询;2.业务投诉;3.出行线路;4.车辆救援
			0311-96122			含ETC服务
			0311-12122	河北省高速公路管理局		

· 132 ·

续上表

省份	服务类别	名　称	运营管理和维护单位/合作对接单位	年度运行和服务情况/合作形式与频率	备　注
河北	广播电视等媒体服务与合作	河北广播电台 FM99.2	河北省高速公路管理局指挥调度中心	每天 8:00—19:00 整点播报	监控中心与电台连线播报
		河北广播电台 FM104.3	河北省高速公路管理局指挥调度中心	每天 8:30 和 18:30 播报	监控中心与电台连线播报
		河北广播电台 FM90.7	河北省高速公路管理局指挥调度中心	每天 7:15 播报	监控中心与电台连线播报
		中国交通广播 FM101.2	河北省高速公路管理局指挥调度中心	提供实时路况信息,不定时进行连线视频直播	有
		河北电视台经济频道	河北省高速公路管理局指挥调度中心	不定时	现场连线录播
		河北卫视	河北省高速公路管理局指挥调度中心	不定时	现场连线录播
	社会化合作	腾讯大燕网	河北省高速公路管理局指挥调度中心	不定时做连线直播	
山西	出行服务网站或网页	山西省高速公路管理局	山西省高速公路管理局	实时路况、政务公开、新闻资讯、管理建设、政策法规、党群建设、文化园地	支持手机/平板访问
		山西省公路局官网	山西省公路局		
		山西省道路运输管理局官网	山西省道路运输管理局		
		山西省高速公路不停车收费运营服务中心网站	山西省高速公路不停车收费运营服务中心		ETC 重要通知、ETC 产品介绍、查询消费明细等
	新浪认证微博	山西省交通运输厅	山西省交通运输厅		
	微信公众号	山西运管	山西省道路运输管理局		

续上表

省份	服务类别	名称	运营管理和维护单位/合作对接单位	年度运行和服务情况/合作形式与频率	备注
山西	微信公众号	山西高速ETC	山西省交通信息公司不停车收费运营服务中心		ETC相关信息发布与咨询
		山西高速公众服务平台	山西省高速公路监控中心		
		山西省联网售票	山西畅捷交通科技有限公司		
	移动客户端	山西ETC	山西省交通信息公司不停车收费运营服务中心		
	客服电话	0351-12328	山西省高速公路管理局		坐席数34个，路警联合。来电内容排序：1.紧急救援；2.投诉建议
		0351-12122	山西省交通信息公司不停车收费运营服务中心		ETC服务
		0351-7337793			
	广播电视等媒体服务与合作	山西交通广播	山西省高速公路管理局	整点、半点、随时播报	
		太原交通广播	山西省高速公路管理局	整点、半点、随时播报	
		山西综合广播	山西省高速公路管理局	随时（每15分钟播报一次）	
		山西农村广播	山西省高速公路管理局	8:00、10:00、14:00、17:00、19:00、22:00	
		太原新闻广播	山西省高速公路管理局	整点、半点、刻钟、随时播报	
		太原私家车广播	山西省高速公路管理局	一刻、三刻、随时播报	
内蒙古	出行服务网站或网页	内蒙古自治区交通运输厅网站	内蒙古自治区交通运输信息中心		交通政务、实时路况、交通气象、办事大厅；支持手机/平板访问；有手机WAP网站

续上表

省份	服务类别	名称	运营管理和维护单位/合作对接单位	年度运行和服务情况/合作形式与频率	备注
内蒙古	出行服务网站或网页	内蒙古高速	内蒙古自治区高等级公路建设开发有限责任公司		公司管辖高速公路最新路况
		内蒙古自治区ETC服务网站	内蒙古高速公路联网收费结算管理服务中心		1. 为蒙通卡客户提供ETC相关产品介绍、常见问题解答、ETC服务网点、车道及消费记录查询；2. 公众出行服务，支持手机/平板访问；有手机WAP网站
	新浪认证微博	内蒙古自治区交通运输厅	中国交通报驻内蒙古记者站，内蒙古自治区交通运输信息中心		新闻宣传
		内蒙古交通运输厅	中国交通报驻内蒙古记者站，内蒙古自治区交通运输信息中心		新闻宣传、出行服务
		内蒙古公路局	内蒙古自治区公路局		政务信息、路况信息
	微信公众号	内蒙古高速	内蒙古高等级公路建设开发有限责任公司		最新路况
		内蒙古高速公路服务平台	内蒙古畅捷高速公路联网收费结算有限公司		线上客户服务、最新路况
		蒙通卡	内蒙古畅捷高速公路联网收费结算有限公司		ETC相关业务介绍及办理指南等服务
		ETC内蒙驰	内蒙古高速金驰科技有限公司		内蒙古地区高速公路ETC电子收费系统办理
	移动客户端	畅捷云	内蒙古畅捷高速公路联网收费结算有限公司		蒙通卡线上充值/蓝牙盒子购买/路况信息

续上表

省份	服务类别		名称	运营管理和维护单位/合作对接单位	年度运行和服务情况/合作形式与频率	备注
内蒙古	客服电话		0471-12328	内蒙古自治区交通运输信息中心		坐席数26个,路况及路径查询
			0471-968858	内蒙古自治区交通运输信息中心		坐席数3个
			0471-12122	内蒙古自治区联网结算中心		坐席数14个,含ETC服务
	广播电视等媒体服务与合作		陕西省高速管理中心	内蒙古高等级公路建设开发有限责任公司		
			内蒙古旅游报	内蒙古高等级公路建设开发有限责任公司		
			内蒙古北方网络电视台	内蒙古高等级公路建设开发有限责任公司		
			呼和浩特交通台	内蒙古高等级公路建设开发有限责任公司		
			内蒙古交通之声	内蒙古高等级公路建设开发有限责任公司	每日上午10点以电子邮件的形式发送,下午如果有变化或者新情况则15点再发送一次,没有新的话则每日只发一次	
			内蒙古电台晚间报道	内蒙古高等级公路建设开发有限责任公司		
			内蒙古晨报	内蒙古高等级公路建设开发有限责任公司		
			内蒙古电视台《新闻天天看》	内蒙古高等级公路建设开发有限责任公司		
			内蒙古手机报	内蒙古高等级公路建设开发有限责任公司		
			自治区政府办公厅信息处	内蒙古高等级公路建设开发有限责任公司		
			正北方网	内蒙古高等级公路建设开发有限责任公司		
			内蒙古交通台	内蒙古高等级公路建设开发有限责任公司	7:30、9:30、17:30、20:30每日4次电话连线	
			包头交通台	内蒙古高等级公路建设开发有限责任公司	7:40每日一次电话连线	

附录B 2017年全国公路出行服务系统一览表

续上表

省份	服务类别	名称	运营管理和维护单位/合作对接单位	年度运行和服务情况/合作形式与频率	备注
辽宁	出行服务网站或网页	辽宁交通出行网	辽宁省交通信息总站		支持,有手机WAP网站,通行费、ETC服务、路况信息、收费站、自驾路线等,移动APP
		辽宁省交通厅运输管理局公众服务平台	辽宁省交通厅运输管理局		
		辽宁省交通建设投资集团有限责任公司官网	辽宁省交通建设投资集团有限责任公司		
		辽宁省高速公路实业发展有限责任公司官网	辽宁省高速公路实业发展有限责任公司		
		辽宁省高速公路管理局路况信息网页	辽宁省高速公路管理局		支持手机、平板访问,服务区查询、路径查询等功能,实现包括路道路通行情况,通行费用计算、沿途天气、加油站信息查询
		辽宁省交通建设投资集团有限责任公司官网网页	辽宁省交通建设投资集团有限责任公司		
		辽宁省交通运输厅门户网站	辽宁省交通运输厅		
		辽宁省交通厅公路管理局门户网站	辽宁省公路管理局		
		辽宁省高速公路运营管理有限责任公司网站	辽宁省高速公路运营管理有限责任公司		
	新浪认证微博	辽宁交通	辽宁省交通运输厅		全省交通运输行业信息发布,亲民信息发布,交通法律、法规及相关政策解读,对全省交通行业雨情监控、社会咨询、投诉,建议解答和处置。获2015年特别贡献奖,2016年快速回应奖

续上表

省份	服务类别	名　称	运营管理和维护单位/合作对接单位	年度运行和服务情况/合作形式与频率	备　注
辽宁	新浪认证微博	辽宁高速通	辽宁省高速公路运营管理有限责任公司		实时路况、节假日通行指南
		辽宁公路	辽宁省交通厅公路管理局		实时路况
		辽宁高速管理	辽宁省高速公路路政管理局		
		辽宁运输	辽宁省交通厅运输管理局		
		辽宁高速建设	辽宁省高等级公路建设局		
		辽宁路政	辽宁省公路路政管理局		
		辽宁高速ETC	辽宁省高速公路管理局		实时路况、节假日通行指南、路径路费查询
	微信公众号	辽宁高速通	辽宁省高速公路运营管理有限责任公司		主要提供ETC相关政策发布、活动宣传、办理流程、网点查询、用户账户和通行记录查询等服务内容
		辽宁ETC	辽宁省高速公路运营管理有限责任公司		
		辽宁高速服务区	辽宁省高速公路实业发展有限责任公司		
		公众出行	辽宁省交通运输厅		
	移动客户端	辽宁高速通	辽宁省高速公路运营管理有限责任公司	"辽宁高速通"微信、微博、APP共同获交通部路网中心颁发的"2017公路交通出行服务产品综合服务效果影响力排名"TOP10榜单	实时路况、路径路费查询、服务区及景点介绍
	客服电话	024-12328	辽宁省交通运输厅		来电内容排序：1. 路况咨询；2. 业务投诉；3. 车辆救援；4. 出行线路
		024-96122	辽宁省交通运输厅运输管理局		车辆救援服务

续上表

省份	服务类别	名称	运营管理和维护单位/合作对接单位	年度运行和服务情况/合作形式与频率	备注
辽宁	客服电话	024-12122			坐席数16个。来电内容排序：1.路况咨询；2.路径路费查询；3.政策解答；4.ETC咨询；5.业务投诉；6.车辆救援
		024-96199	辽宁省高速公路运营管理有限责任公司		
	广播电视等媒体服务与合作	沈阳电视台新闻频道	辽宁省高速公路管理局	电视直播发布全省高速公路出行服务信息，每天早、晚	监控指挥中心设有直播平台
		辽宁广播电视台交通广播FM97.5	辽宁省高速公路运营管理有限责任公司，辽宁省交通厅公路管理局	常驻合作，固定时间连线，特殊天气或突发事件随时连线发布	广播直播间，公用
		辽宁广播电视台交通广播FM98.6	辽宁省交通厅公路管理局	常驻合作，固定时间连线，特殊天气或突发事件随时连线发布	广播直播间，公用
	社会化合作	高德地图	辽宁省高速公路运营管理有限责任公司	日常信息发布、交通事件信息发布、实时交通路况发布	
		百度/高德/腾讯等或相关机构	辽宁省高速公路管理局	如日常网运行特征发布、合作指数发布、路网运行知识等	
		研究所/辽宁省综合运输平台	辽宁省交通运输厅信息中心	如综合运输信息发布、出行常识、公路知识等	
吉林	出行服务网站或网页	吉林省交通运输厅网站	吉林省交通运输厅	客运网上售票、民意互动栏目、媒体看交通	支持手机/平板访问
		吉林省交通出行信息服务网	吉林省交通运输厅	电子地图	支持手机/平板访问
		吉林省公路客票网	吉林省运输管理局	客运网上售票	支持手机/平板访问

续上表

省份	服务类别	名称	运营管理和维护单位/合作对接单位	年度运行和服务情况/合作形式与频率	备注
吉林	出行服务网站或网页	吉林省公路管理局网站	吉林省公路管理局	出行服务,计重收费,建议投诉	支持手机/平板访问
		吉林省高速公路管理局网站	吉林省高速公路管理局	高速公路管理法规政策及管理动态,天气,路政况,电子地图,通行费查询等出行服务,民意互动	支持手机/平板访问
		吉林省高速公路管理局出行信息服务网	吉林省高速公路管理局	电子地图,通行费查询	支持手机/平板访问
		吉林省高速公路管理局ETC客服网站	吉林省高速公路管理局	ETC账户及相关业务查询	支持手机/平板访问
		吉林高速公路集团有限公司网站	吉林高速公路集团有限公司	企业资讯与文化	支持手机/平板访问
		吉林高速公路股份有限公司网站	吉林高速公路股份有限公司	企业资讯与文化,投资者关系相关数据与报表	支持手机/平板访问
	新浪认证微博	吉林交通	吉林省交通运输厅		全省路网天气和路况信息
		吉林高速路况121222	吉林省高速公路管理局		24小时查询高速公路路况服务;每日发布天气,管理动态等信息;节假日发布出行特别提示
	微信公众号	吉林高速	吉林省高速公路管理局		24小时查询路况服务;每日发布天气,管理动态等信息,节假日发布出行特别提示
		吉林高通	吉林省高速公路管理局		发布吉林省高速公路沿线天气,路况信息,查询ETC相关信息
		吉林高速ETC	吉林省吉通电子收费运营服务有限公司		可提供ETC卡的卡绑定、卡余额,通行记录等服务
	移动客户端	吉林高速通	吉林省吉通信息技术有限公司		

续上表

省份	服务类别	名称	运营管理和维护单位/合作对接单位	年度运行和服务情况/合作形式与频率	备 注
吉林	客服电话	0431-12328	吉林省交通运输厅		坐席数47个,高速公路咨询投诉实现路警联合。来电内容排序:1.高速公路咨询投诉;2.其他交通运输咨询投诉
		0431-12122	吉林省高速公路管理局		含ETC服务,坐席数10个,路警联合。来电内容排序:1.事故报警;2.清障救援;3.收听路况信息;4.投诉建议;5.公告信息;6.ETC咨询与投诉;7.违法查询咨询;0.人工帮助
		0431-85379663(工作日)	吉林省吉通电子收费运营服务有限公司		ETC客服电话
	广播电视等媒体服务与合作	吉林交通广播FM103.8	吉林省交通运输厅宣传中心	专题节目,根据实际需求	
			吉林省公路管理局	与吉林交通广播合办"交通会客厅"栏目,每周一期,通过访谈和解答热线电话等形式,解读交通运输热点问题	
		吉林日报	吉林省高速公路管理局	节假日,计划阻断发生前突发性阻断发生时发布出行提示	
		中国交通报	吉林省交通运输厅宣传中心	专版报道,根据实际需求	
		吉林交通报	吉林省交通运输厅宣传中心	专版报道,根据实际需求	
			吉林省公路管理局	节假日,计划阻断发生前突发性阻断发生时发布出行提示	

续上表

省份	服务类别	名称	运营管理和维护单位/合作对接单位	年度运行和服务情况/合作形式与频率	备注
吉林	广播电视等媒体服务与合作	央视新闻移动网,长春电视台新闻中心直播吉林栏目,吉视公共频道第一播报,吉林电视台新闻中心,守望都市栏目,城市速递栏目,中央电视台驻吉林站,吉林新闻综合广播(电视台)	吉林省高速公路管理局	节假日、计划性阻断发生前、突发性阻断发生时发布出行提示	
		中国联合网络通信有限公司长春市分公司增值业务中心(长春114,吉林114,四平114,通化114)	吉林省高速公路管理局	节假日、计划性阻断发生前、突发性阻断发生时发布出行提示	
		吉林广播电台(FM90.3)、长春市交通之声(FM96.8)、四平市交通台、松原市交通台、通化市交通台、延边吉州交通广播电台、延边交通广播之声、延边朝文艺频道广播电视总台交通文艺频道FM105.9频率、长春都市动听广播FM106.4/FM99.6、吉林省广播电台《全省早新闻》栏目、吉林人民广播电台广播(吉林广播)、辽宁省交通台	吉林省高速公路管理局	节假日、计划性阻断发生前、突发性阻断发生时发布出行提示	
		新文化报社、长春晚报、吉林交通报、东亚经济报	吉林省高速公路管理局	节假日、计划性阻断发生前、突发性阻断发生时发布出行提示	
	社会化合作	高德软件有限公司	吉林省高速公路管理局	24小时发送管制、路况信息;1年数据交换1461次	

附录B 2017年全国公路出行服务系统一览表

续上表

省份	服务类别	名称	运营管理和维护单位/合作对接单位	年度运行和服务情况/合作形式与频率	备注
黑龙江	出行服务网站或网页	黑龙江省交通运输厅网站出行服务网页	黑龙江省交通运输厅	道路维修信息,路况及时信息,通行费标准查询,出行线路选择,航班、突发事件播报,列车时刻查询	
		黑龙江高速公路出行服务网	黑龙江省高速公路管理局		支持手机平板访问,有手机WAP网站
		黑龙江ETC服务网站	黑龙江省ETC运管管理中心		
	新浪认证微博	—			
	微信公众号	龙江交通12328	黑龙江省交通信通信中心		信息发布,ETC知识普及,相关设备介绍,特别通知,在线客服
		黑龙江ETC	黑龙江省ETC运管管理中心		
		龙江高速建设	黑龙江省高速公路建设局		
		龙江高速路况96369	黑龙江省高速公路管理局		
		龙江高速	哈尔滨桑通信技术有限公司哈尔滨滦桑贝广告传媒有限公司		
	移动客户端	龙江高速APP	黑龙江省交通运输厅		发布出行指南,道路维修信息,服务区分布查询,天气情况,便于人民群众出行,选择适当的服务区休息,用餐等
		黑龙江高速通	黑龙江省路局		
	客服电话	0451-12328	黑龙江省交通运输厅		来电内容排序:1.路况咨询;2.出行线路;3.业务投诉;4.车辆救援
		0451-96369	黑龙江省ETC运管管理中心		

续上表

省份	服务类别	名称	运营管理和维护单位/合作对接单位	年度运行和服务情况/合作形式与频率	备注
黑龙江	广播电视等媒体服务与合作	黑龙江交通广播	黑龙江省高速公路管理局	通过全省应急广播指挥中心 QQ 群组实时发布路况信息,全年发布路况信息 3582 条	
上海	出行服务网站或网页	上海市交通委员会网站(上海交通智能地图网页)	上海市交通委员会		支持手机/平板访问
		上海交通出行网	上海市交通信息中心		前身为世博交通网
		上海市路政局网站(上海市路政局公众出行电子地图服务平台)	上海市路政局		支持手机/平板访问,道路交通指数、出行线路规划、实时路况查询
		上海公共交通卡股份有限公司官网	上海公共交通卡股份有限公司		含 ETC 服务
	新浪认证微博	上海交通	上海市交通委员会		
		路线一途	上海市路政局路网监测中心		实时路况
		乐行上海	上海市路政局		
	微信公众号	上海交通	上海市交通委员会		
		上海公共交通卡	上海公共交通卡股份有限公司		含 ETC 服务
		乐行沪昆高速上海	上海沪杭路桥实业有限公司		
		上海市路政局	上海市路政局		
	移动客户端	乐行上海	上海市路政局		实时路况查询、道路交通指数、拥堵路段排行、夜间养护封路信息、迪士尼交通等
		上海交通拥堵指数	上海市交通信息中心		
		智行者	上海市交通信息中心		
		上海交通卡	上海公共交通卡股份有限公司		含 ETC 服务

附录B　2017年全国公路出行服务系统一览表

续上表

省份	服务类别	名　称	运营管理和维护单位/合作对接单位	年度运行和服务情况/合作形式与频率	备　注
上海	客服电话	021-12328	上海市交通委员会		坐席数20个，与公安交通部门信息共享，含ETC服务。来电内容排序：1.路况咨询；2.业务投诉；3.车辆救援；4.出行线路
		021-12122	上海市路政局路网监测中心	全年共接处市民来电26.23万次，日均话务量为729次/日	
		021-64692025	上海高速公路电子收费客服中心		ETC客服电话
		021-12319	上海公共交通卡股份有限公司		
	广播电视等媒体服务与合作	上海SMG电视新闻中心	上海市路政局	节假日、突发事件、灾害天气等状况下，直播发布出行内容等	路网监控中心设有同步监控和信息平台
		上海广播电台交通频率	上海市路政局	整点路况播报，定期访谈，节假日专题信息发布，灾害天气等状况下直播发布出行信息等	路网监控中心设有共用信息平台
		上海发布（上海市府新闻办微信公众号）	上海市路政局	市政大厅服务功能，直接与乐行上海APP互联	APP终端共享
		上海市交通信息中心	上海市路政局路网监测中心	道路交通指数发布、日常信息发布、突发事件发布、节假日、突发事件出行特征、绕行路线等	
	社会化合作	高德软件有限公司	上海市路政局道路技术中心	日常信息发布、道路阻断信息、路网运行特征发布、日常路网研究等	

续上表

省份	服务类别	名称	运营管理和维护单位/合作对接单位	年度运行和服务情况/合作形式与频率	备注
江苏	出行服务网站或网页	江苏交通网站	江苏省交通运输厅	政策公开,出行服务	支持手机/平板访问,有手机WAP网站
		江苏公路网站出行服务网页	江苏省交通运输厅公路局	政策公开,出行服务	支持手机/平板访问,有手机WAP网站
		江苏高速公众出行服务网	江苏高速公路联网营运管理有限公司	出行信息,苏通卡信息	支持手机/平板访问,有手机WAP网站
		江苏高速96777手机网站	江苏高速公路联网营运管理有限公司	实时路况	支持手机/平板访问,有手机WAP网站
		江苏高速公路联网营运管理中心网站	江苏高速公路联网营运管理中心		
		江苏通行宝智慧交通科技有限公司网站	江苏通行宝智慧交通科技有限公司		
		江苏交通控股有限公司网站	江苏交通控股有限公司		
	新浪认证微博	江苏省交通运输厅微博	江苏省交通运输厅	年发布信息2 500条	传达交通资讯,服务百姓出行,倡导绿色交通,低碳出行
		江苏高速96777	江苏高速公路联网营运管理有限公司	年发布信息60 458条	2012年、2013年连续两年入列国家行政学院政务微博百强
	腾讯认证微博	江苏高速96777	江苏高速公路联网营运管理有限公司		出行服务,收费咨询等
	微信公众号	江苏交通	江苏省交通运输厅	年发布信息756条	提供交通咨询,服务百姓出行
		江苏公路	江苏省交通运输厅公路局	年发布信息432条	政策咨询,出行服务

续上表

省份	服务类别	名称	运营管理和维护单位/合作对接单位	年度运行和服务情况/合作形式与频率	备注
江苏	微信公众号	畅行苏高速	江苏省高速公路管理局(江苏省高速公路交通运输执法总队)		
		江苏高速96777	江苏高速公路联网营运管理有限公司	全国出行服务影响力TOP10第三名	出行信息、苏通卡信息、资讯信息
		江苏高速96777订阅号	江苏高速公路联网营运管理有限公司		
		江苏12328	江苏省交通通信信息中心		
		江苏高速	江苏交通控股有限公司		
		通行宝ETC	江苏通行宝智慧交通科技有限公司		
		通行宝	江苏通行宝智慧交通科技有限公司		
		畅行江苏	江苏长天智远交通科技有限公司		
	移动客户端	苏路通	江苏省交通运输厅公路局		导航服务、公路气象、短信定制、实时路况、前方播报、我报路况等
		e行高速	江苏高速公路联网营运管理有限公司		省内高速交通态势、突发事件、恶劣天气、施工管制等多种信息;提供路径查询、路况播报、视频快拍服务;提供收费站、服务区、苏通卡网点等服务设施信息查询
		畅交通	中国经济信息社江苏中心		提供全省交通新闻、交通政务信息;居民出行、交通相关服务内容

· 147 ·

续上表

省份	服务类别		名称	运营管理和维护单位/合作对接单位	年度运行和服务情况/合作形式与频率	备注
江苏	客服电话		025-12328	江苏省交通运输厅	年话务量17256次	坐席数84个,出行问询,行业咨询,投诉举报,表扬建议,求助,其他
			025-96196	江苏高速公路网营运管理有限公司	年话务量:人工94.30万次,自动69.32万次	坐席数54个,含ETC服务。未电内容排序:1.业务咨询;2.高速救助;3.投诉
			025-96777	江苏高速公路网营运管理有限公司	实时路况播报,突发事件进行连线播报	
	广播电视等媒体服务与合作		江苏省交通广播网FM101.1	江苏省交通运输厅公路局	每天15个整点播报,如遇节假日,突发事件连线播报	
			江苏省交通广播网FM101.1	江苏高速公路网营运管理有限公司	每天14个整点发送播报稿给电台,加遇节假日,突发事件进行连线播报	
			江苏省内13个地级市,2个县级市交通广播电台	江苏高速公路网营运管理有限公司		
	社会化合作		江苏省气象科技服务中心	江苏省交通运输厅公路局	提供气象预报预警,每日提供,突发事件实时预报	
			百度、高德	江苏省交通运输厅公路局、江苏省高速公路管理局	路况信息实时发布	
			江苏百盛咨询有限公司	江苏省交通运输厅公路局、江苏省高速公路管理局	每月路网(经济)运行分析,重大节假日出行提示	
浙江			浙江交通	浙江省交通运输厅	以地图为基准,展开出行服务	支持手机/平板访问,有手机WAP网站
	出行服务网站或网页		浙江省高速公路不停车收费用户服务网	浙江省高速公路不停车收费用户服务中心	高速公路通行费率,通行费查询,投诉咨询服务,业务在线办理等服务,作为发布政策法规,业务公告的公共平台	

续上表

省份	服务类别	名称	运营管理和维护单位/合作对接单位	年度运行和服务情况/合作形式与频率	备注
浙江	出行服务网站或网页	浙江省交通投资集团有限公司网站	浙江省交通投资集团有限公司		
		浙江交通出行	浙江省交通运输厅信息中心	年发布信息192条	
		浙江交通发布	浙江省交通宣传服务中心		
	新浪认证微博	浙江公路	浙江省公路管理局		
		智慧高速	浙江智慧高速公路服务有限公司		
		高速驿网	浙江省交通投资集团实业发展有限公司		及时准确发布信息,有效引导社会舆论;妥善回应网友关切诉求,提高公路行业服务惠民能力和公信力;广泛传播浙江公路文化,展示浙江公路最美形象
		浙江公路	浙江省公路管理局	年发布信息980条;获浙江第二届大数据舆情高峰论坛"政务活力奖"	
	微信公众号	浙江交通出行	浙江省交通信息中心		实时查询高速公路路况
		浙江ETC	浙江省公路管理局		
		浙江交通	浙江省交通宣传服务中心		
		智慧高速	浙江智慧高速公路服务有限公司		
		安行浙江	浙江省道路交通安全协会		
		畅行浙江	浙江高速信息工程技术有限公司		高速公路通行费率查询、投诉咨询服务、业务在线办理等服务
		浙江高速信息	浙江高速信息工程技术有限公司		
		佰里庭	浙江高速投资发展有限公司		

· 149 ·

续上表

省份	服务类别	名称	运营管理和维护单位/合作对接单位	年度运行和服务情况/合作形式与频率	备注
浙江	移动客户端	智慧高速	浙江智慧高速公路服务有限公司		
浙江	移动客户端	浙江ETC	浙江省高速公路不停车收费用户服务中心		高速公路通行费率、通行明细和账单查询、投诉咨询服务、业务在线办理等服务
浙江	移动客户端	浙江交通出行	浙江省交通运输厅		
浙江	客服电话	0571-12328	浙江省交通运输厅	年话务量 60 120 次	坐席数71个,路警联合。来电内容排序:1.路网服务;2.路政执法;3.养护保通
浙江	客服电话	0571-12122	浙江省交通投资集团		
浙江	客服电话	0571-56920676	浙江省高速公路不停车收费用户服务中心		
浙江	广播电视等媒体服务与合作	交通900	浙江省公路管理局	定期访谈、节假日专题信息发布等	
浙江	广播电视等媒体服务与合作	浙江交通之声	浙江省公路管理局	节假日、突发事件直播发布出行内容等	有直播间
浙江	广播电视等媒体服务与合作	浙江经视	浙江省公路管理局	"温暖回家路"微视频大赛、花开最美路系列报道等	有直播间
安徽	出行服务网站或网页	安徽交通出行信息服务网	安徽交通运输联网管理中心	安徽高速公路电子地图、高速拍通行费计算、施工、管制、事故动态预览等	支持手机/平板访问,有手机WAP网站
安徽	出行服务网站或网页	安徽省高速公路路政支队实时路况栏目	安徽省高速公路路政支队	图行安徽、整点路况、交通事故、施工动态	

续上表

省份	服务类别	名称	运营管理和维护单位/合作对接单位	年度运行和服务情况/合作形式与频率	备注
安徽	出行服务网站或网页	安徽省交通控股集团有限公司网站出行服务网页	安徽省交通控股集团有限公司	"实时路况"查询、"96566"客服热线介绍、已建高速公路介绍	支持手机/平板访问,有手机WAP网站
		安徽交通卡服务网站	安徽省高速公路联网运营有限公司		ETC资讯、办卡、充值等
	新浪认证微博	安徽省公路局	安徽省公路局		
		安徽省交通运输厅网站	安徽省交通运输厅		
		安徽交通运输	安徽省交通运输厅		
		安徽公路	安徽省公路局(安徽省公路路政总队)	年发布信息3 568条	公路热点、公路资讯、公众服务
		安徽高速	安徽省交通运输联网管理中心	年发布信息2 918条	高速公路通行情况、天气状况、预警信息等
		安徽交控96566	安徽省交通控股集团有限公司		高速公路事故、施工、管制等路况信息发布
		行云天下	安徽行云天下科技有限公司		
		安徽交通运输	安徽省交通运输厅		
		安徽12328	安徽省交通运输厅		
	微信公众号	安徽公路	安徽省公路局	年发布信息2 175条	公路热点、公路资讯、公众服务
		安徽交通卡	安徽省高速公路联网运营有限公司		ETC资讯、办卡、充值、高速路况等
		行云天下	安徽省高速公路联网运营有限公司		

续上表

省份	服务类别	名称	运营管理和维护单位/合作对接单位	年度运行和服务情况/合作形式与频率	备注
安徽	微信公众号	安徽高速路况	安徽省交通控股集团有限公司		高速公路路况信息、信息查询、费率查询、咨询电话等
		畅行安徽	安徽畅通行交通信息服务有限公司		公众出行服务手机移动终端,包含"我的ETC、高速路况、一键救援、车友爆料、路况预测"等功能
	移动客户端	行云天下	安徽省高速公路联网运营有限公司		
		安徽交通卡ETC充值	安徽省高速公路联网运营有限公司		ETC办卡、充值、高速路况、商城等
	客服电话	12328	安徽省交通运输联网管理中心		坐席数12个,路警联合。来电内容排序:1.车辆救援;2.路况咨询;3.业务投诉;4.出行线路
		0551-12122	安徽省高速公路联网运营有限公司		坐席数21个。来电内容排序:1.路况咨询;2.故障救援;3.投诉建议;4.其他
		0551-96566	安徽省公路局		ETC业务咨询、投诉受理等
		0551-96369(ETC服务)	安徽省交通运输联网管理中心	整点/半点连线,定期访谈,节假日专题信息发布等	
	广播电视等媒体服务与合作	安徽广播电台交通频率	安徽省交通运输联网管理中心	24小时全天播报	监控中心设有直播平台,设广播直播间,专用
		安徽交通广播FM90.8			
		安徽卫视		节假日,遇突发事件接受安徽卫视新闻联播现场采访	公用直播间

续上表

省份	服务类别	名称	运营管理和维护单位/合作对接单位	年度运行和服务情况/合作形式与频率	备注
安徽	广播电视等媒体服务与合作	合肥电视台	安徽省交通运输联网管理中心	节假日,遇突发事件接受合肥电视台新闻联播、晚间播报现场采访	公用直播间
		安徽经济生活频道	安徽省交通运输联网管理中心	节假日,遇突发事件接受安徽经济生活频道第一时间、帮女郎,经视1时同现场采访	公用直播间
		安徽公共频道	安徽省交通运输联网管理中心	节假日,遇突发事件接受安徽经视频道新闻午班车、第一现场,新闻第一线现场采访	公用直播间
		安徽科教频道	安徽省交通运输联网管理中心	节假日,遇突发事件接受安徽科教频道法治时空现场采访	公用直播间
		安徽交通广播	安徽省交通控股集团有限公司	每日7:00,17:00,20:00进行整点连线,整半点高速路况资讯发布,节假日,突发事件直播发布内容	
		安徽新闻综合广播	安徽省交通控股集团有限公司	整点/半点的高速路况资讯发布	
		安徽生活广播城市之声	安徽省交通控股集团有限公司	半点的高速路况资讯发布	
		安徽高速广播	安徽省交通控股集团有限公司	每日7:55,16:55,19:55进行整点连线,节假日,突发事件直播发布出行内容	
		安徽公共频道	安徽省交通控股集团有限公司	节假日,遇突发事件接受安徽经视频道新闻午班车、第一现场,新闻第一线现场采访	公用直播间
		滁州广播电视台	安徽滁宁高速公路开发有限公司	节假日专题信息发布,出信息发布等	
		滁州交通音乐广播FM105.4	安徽滁宁高速公路开发有限公司	路况信息发布等	

续上表

省份	服务类别	名称	运营管理和维护单位/合作对接单位	年度运行和服务情况/合作形式与频率	备注
安徽	广播电视等媒体服务与合作	滁州皖东晨刊	安徽滁宁高速公路开发有限公司	高速工作动态,节假日专题信息发布等	设有广播直播间,专用
		安徽交通应急广播	安徽省路警联合指挥中心	整点/半点连线,定期访谈,节假日专题信息发布等	支持,有手机WAP网站
福建		福建省交通运输厅政务网站出行服务网页/频道	福建省交通运输厅/信息中心		
		福建省交通运输集团有限责任公司网站	福建省交通运输集团有限责任公司		
		福建省公路网路况查询网页	福建省公路管理局		
		福建省公路管理局门户网站实时路况栏目	福建省公路管理局	实时路况更新	
	出行服务网站或网页	闽高速信息网	福建省高速公路集团有限公司		
		福建省高速公路有限责任公司网站	福建省高速公路有限责任公司		
		福建高速公路公众出行服务	福建省高速公路集团有限责任公司	主要提供实时路况,通行费查询,违章查询以及服务设施,出行导航,ETC相关链接	
		闽通卡网上营业厅	福建省高速公路电子收费管理中心		
		福建交通	福建交通运输厅(福建省经济科技信息中心)		
	新浪认证微博	福建交通一卡通官微	福建交通一卡通有限公司		

续上表

省份	服务类别	名称	运营管理和维护单位/合作对接单位	年度运行和服务情况/合作形式与频率	备注
福建	微信公众号	福建交通	福建省交通运输厅（福建省交通经济科技信息中心）		除了提供高速路况、高速服务和下载APP三个微信查询菜单外，主要是承担对外发布高速通车信息、重要高速行业资讯
		福建高速公路	福建高速公路集团有限公司	年发布信息152条	指南等服务信息；ETC服务；路况信息发布、闽通卡账单查询、通行记录实时推送高速政务微讯及行业资讯
		福建公路	福建省公路管理局		公路路况、公路服务
		闽通宝	福建省高速公路信息科技有限公司		
		福建交通12328	福建省交通信息通信与应急处置中心		
		福建交通一卡通	福建交通一卡通有限公司		
	移动客户端	闽通宝	福建省高速公路集团有限公司		全省高速路网的通堵状态、路况信息，根据车户位置在地图上显示附近交通事件、监控快拍、路线、收费站、服务区等信息；ETC服务；提供闽通卡自助服务、闽通卡账单查询，通行记录实时推送、储值卡充值（暂未开通）
		福建出行助手	福建交通一卡通有限公司		

续上表

省份	服务类别	名称	运营管理和维护单位/合作对接单位	年度运行和服务情况/合作形式与频率	备注
福建	移动客户端	福建出行助手	福建省交通运输厅		
		福建路况	福建省交通运输厅		
		福建好行	福建省交通运输厅		来电内容排序：1.路况咨询；2.业务投诉；3.车辆救援；4.出行线路
	客服电话	12328	福建省高速公路集团有限公司	年话务量574 978次	坐席数90个，路警联合。来电内容排序：1.路况咨询；2.业务投诉；3.车辆救援；4.出行线路，客户咨询，投诉受理；含ETC服务，客户回访，政策解读
		0591-12122	福建省高速公路集团有限公司		
		0591-87078883	福建省高速公路信息科技有限公司		坐席数6个，厦门地区路警联合，计划性养护施工、交通事故、自然灾害、公众出行等
		0591-87077358	福建省公路管理局		
		0591-96330			
	广播电视等媒体服务与合作	福建电视台综合频道	福建省高速公路集团有限公司	实时通过福建省高速公路况信息交互平台（QQ平台）提供福建省高速路况信息；节假日和突发事件时直播发布专题信息及出行内容等	设有直播平台，公用直播间
		福建电视台新闻频道	福建省高速公路集团有限公司	实时通过福建省高速公路况信息交互平台（QQ平台）提供福建省高速路况信息；节假日和突发事件时直播发布专题信息及出行内容等	设有直播平台，公用直播间

附录B 2017年全国公路出行服务系统一览表

续上表

省份	服务类别	名称	运营管理和维护单位/合作对接单位	年度运行和服务情况/合作形式与频率	备注
福建	广播电视等媒体服务与合作	福建电视台东南卫视	福建省高速公路集团有限公司	实时通过信息交互平台（QQ平台）提供福建省高速公路路况信息	设有直播平台、公用直播间
		福建100.7交通广播电台	福建省高速公路集团有限公司	每周一至周五早8点和下午5点连线直播路况；实时通过信息交互平台（QQ平台）提供福建省高速公路路况信息	设有广播直播间，专用
	社会化合作	腾讯	福建省高速公路集团有限公司	开通微信城市服务："高速实时路况"服务页面	
江西		江西交通信息网	江西省交通运输厅	特殊内容包括：阻断信息、出行信息	支持手机/平板访问，有手机WAP网站
		江西交通信息网-江西公众出行网	江西省交通运输厅信息中心	实时路况、图行江西、黑名单查询、通行费查询、交通业务查询、交通便民查询	支持手机/平板访问，有手机WAP网站
		江西省12328交通运输服务监督电话	江西省交通运输厅信息中心		支持手机/平板访问，有手机WAP网站
	出行服务网站或网页	江西公路出行服务网	江西省公路管理局		
		江西省公路管理局网站	江西省公路管理局		
		赣通卡服务网站（江西省高速公路联网管理中心网站赣通卡网页/出行服务网页）	江西省高速公路联网管理中心		
		江西省高速公路联网管理中心网站/江西省交通运输厅应急指挥中心（信息中心）网站	江西省高速公路联网管理中心		
		江西道路运输	江西省公路运输管理局		

续上表

省份	服务类别	名称	运营管理和维护单位/合作对接单位	年度运行和服务情况/合作形式与频率	备注
江西	出行服务网站或网页	江西路政	江西省公路路政管理总队		
		江西高速公路投资集团有限责任公司网站	江西高速公路投资集团有限责任公司		
		江西畅行高速公路服务区开发经营有限公司网站	江西畅行高速公路服务区开发经营有限公司		
		江西公路路网中心	江西省高速公路管理局	年发布信息378条	特色内容：普通公路阻断信息、出行信息咨询、路况提示等
	新浪认证微博	江西交通	江西省交通运输厅应急指挥中心	年发布信息5606条	荣获江西省政务微博最具影响力奖；特色内容：实时路况、出行咨询、车主服务、行车知识等
		江西高速	江西高速公路投资集团有限责任公司	年发布信息6700条	特色内容：高速公路阻断信息、出行信息咨询、路况提示等
		江西交通12328	江西省高速公路联网管理中心	年发布信息9665条	特色内容：实时气象信息、施工信息、交通路况播报、交通新闻、便民信息、出行咨询、安全常识
		江西省高速公路联网管理中心	江西省高速公路联网管理中心	年发布信息9645条	高速公路收费政策、ETC咨询、出行服务
		江西交通服务热线	江西省高速公路管理局宣传教育处		
		江西公路	江西省公路运输管理局		
		江西运政	江西省公路运输管理处		
		江西路政总队	江西省公路路政管理总队		

附录B 2017年全国公路出行服务系统一览表

续上表

省份	服务类别	名称	运营管理和维护单位/合作对接单位	年度运行和服务情况/合作形式与频率	备注
江西	微信公众号	江西公路	江西省公路管理局		
		江西公路路网中心	江西省公路管理局信息数据中心	年发布信息1 293条	以信息服务查询,信息推送为主,包括示范路,相关专题报道
		江西交通12328	江西省公路管理局交通通信总站	年发布信息2 164条	以信息服务查询,信息推送为主,包括示范路,相关专题报道
		江西路政	江西省公路路政管理总队		特色:实时路况查询,施工信息查询,政策法规查询,ETC业务服务,旅游路线规划,便民服务查询,公众举报,民意调查
		江西运管	江西省公路运输管理局		
		江西高速	江西高速公路投资集团有限责任公司	年发布信息12 000条	多次排名江西政务微信前十
		沿着江西高速去旅游	江西高速公路投资集团有限责任公司		
		高速同行	江西高速公路投资集团有限责任公司		
		江西高速公路	江西高速公路投资集团有限责任公司		
		江西省高速公路联网管理中心	江西省高速公路联网管理中心		
		江西服务区	江西畅行高速公路服务区开发经营有限公司		
		路港通订阅号	江西路港互联科技服务有限公司		
		路港通	江西路港互联科技服务有限公司		

续上表

省份	服务类别	名称	运营管理和维护单位/合作对接单位	年度运行和服务情况/合作形式与频率	备注
江西	移动客户端	赣通宝	江西高速公路投资集团有限责任公司		交通诱导、高速服务、养护施工、路况信息、服务区商城等信息；充值、激活、查询
		江西公路	江西省公路管理局		
		赣路通	江西省高速公路联网管理中心		
		ETC赣通宝	江西省高速公路联网管理中心		
		高速公路视频远程监控	江西省交通运输厅应急指挥中心		全省普通公路视频监控手机客户端，用于行业内部管控
		路港通	江西路港互联科技服务有限公司		全省高速公路视频监控手机客户端，用于行业内部管控
		江西路况	江西省高速公路联网管理中心		
	客服电话	12328		年话务量：人工392 972次，自动15 187次	坐席数128个。来电内容排序：1.路况咨询；2.业务投诉；3.车辆救援；4.出行线路
		0791-96122（含ETC服务）			
	广播电视服务媒体合作	江西2套	江西省交通运输厅应急指挥中心（厅应急指挥中心）	如节假日、突发事件直播发布出行内容等	指挥大厅直播
		江西交通广播	江西省交通运输厅应急指挥中心（厅应急指挥中心）	如整点半点连线、定期访谈、节假日专题信息发布等	设有广播直播间，专用
		大江网	江西省交通运输厅应急指挥中心（厅应急指挥中心）	如节假日、突发事件直播发布出行内容等	指挥大厅直播

附录B 2017年全国公路出行服务系统一览表

续上表

省份	服务类别	名称	运营管理和维护单位/合作对接单位	年度运行和服务情况/合作形式与频率	备注
山东	出行服务网站或网页	山东交通出行网（山东省交通运输厅网站出行信息网页）	山东省交通运输厅	路况信息、出行服务	支持手机、平板访问
		山东省交通运输厅公路局出行网页（山东省交通运输厅公路局公路路况信息处理平台）	山东省交通运输厅公路局	GIS信息发布平台	支持手机、平板访问
		齐鲁交通发展集团公司网站实时路况栏目	山东高速集团	路况信息	支持手机、平板访问
		山东高速股份有限公司网站路况信息栏目	山东高速股份有限公司	路况信息	支持手机、平板访问
		齐鲁交通发展集团路况信息处理平台	齐鲁交通发展集团有限公司	路况信息、出行服务	支持手机、平板访问
		山东高速集团有限公司电子收费中心网站	山东高速集团有限公司电子收费结算中心		含ETC服务
		山东省交通运输厅高速公路电子收费网	山东省交通运输厅高速公路收费结算中心		含ETC服务
		山东交通运输	山东省交通运输厅		路况信息、出行资讯
		山东交通出行	山东省交通运输厅		
	新浪认证微博	山东高速出行服务	山东高速股份有限公司	年发布信息2.2万条	2016年底，在全国同行业率先实现了微博视频路况播报；获2016年度新浪官方"最具影响力山东交通系统政务微博"称号
		山东高速集团电子收费中心	山东高速集团有限公司电子收费结算中心		

续上表

省份	服务类别	名称	运营管理和维护单位/合作对接单位	年度运行和服务情况/合作形式与频率	备注
山东	新浪认证微博	山东高速集团	山东高速集团有限公司		
		山东ETC呼叫中心96669	山东省交通运输厅高速公路收费结算中心ETC客服呼叫中心		
		齐鲁交通出行服务官微	齐鲁交通发展集团		
		山东高速信联支付有限公司	山东高速信联支付有限公司		
		山东高速服务区管理有限公司	山东高速服务区管理有限公司		
		e高速	山东高速信息工程有限公司		
		山东交通ETC	山东省交通运输厅信息中心(山东省交通运输厅高速公路收费结算中心)		
		山东省交通运输厅	山东省交通运输厅		
		山东e出行	山东省交通运输厅道路运输局		
		山东高速出行信息	山东高速股份有限公司	群发信息2 269万条;回复3.9万条;菜单点击29万次	通过二维码扫描、手机验证,可实现收费站、服务区免费WIFI上网,通行收费站自动接收路况短信
	微信公众号	山东高速出行信息	山东高速股份有限公司		
		山东高速600350	山东高速股份有限公司		
		山东高速青岛公路有限公司	山东高速青岛公路有限公司		
		齐鲁交通发展集团	齐鲁交通发展集团有限公司		
		齐鲁通电子收费	齐鲁交通发展集团有限公司电子收费分公司		出行服务、集团要闻等
		齐鲁通行天下	齐鲁交通信息集团有限公司		
		智慧服务区	齐鲁交通服务开发有限公司		

续上表

省份	服务类别	名称	运营管理和维护单位/合作对接单位	年度运行和服务情况/合作形式与频率	备注
山东	微信公众号	e高速订阅号	山东高速集团有限公司电子收费中心		
		e高速服务号	山东高速集团有限公司电子收费中心		
		山东高速集团	山东高速集团有限公司		
		高速ETC	山东高速集团有限公司电子收费中心		提供ETC卡办理、充值服务、业务介绍、通行明细查询、网点查询等服务
		信联卡助手	山东高速集团有限公司电子收费中心		
		高速e行	齐鲁交通信息集团有限公司		
		山东高速服务区管理有限公司	山东高速服务区管理有限公司		
		山东高速服务区	山东高速服务区管理有限公司		
		山东信联卡	山东高速信联支付有限公司		
		高速易付码	山东高速信联支付有限公司		
		山东高速信联生活	山东高速信联支付有限公司		
		高速ETC手机客户端	山东高速信联网络科技有限公司（满意网络科技有限公司）		
	移动客户端	山东交通出行	山东省交通运输厅		
		山东省交通出行信息服务	山东省交通运输厅信息中心		

续上表

省份	服务类别	名称	运营管理和维护单位/合作对接单位	年度运行和服务情况/合作形式与频率	备注
山东	移动客户端	e高速	山东高速集团有限公司电子收费中心	被山东省政府列入山东省"互联网+"行动计划；荣获中国"互联网+"行动百佳实践；荣获中国公路出行服务产品移动客户端影响力排名第三名；荣获中国高速公路30年·信息化奖	
		高速ETC	山东高速集团有限公司电子收费中心	荣获"全国公路出行服务产品移动客户端影响力排名榜"最具影响力和客户满意度最高双项第一	ETC充值,发票开具,路况查询,消费明细查询,通行费计算,路线规划,车货匹配
		信联易行宝	山东高速信联支付有限公司		
		二型OBU	山东高速信联支付有限公司		
		齐鲁通	齐鲁交通信息集团有限公司		
		齐鲁美驿	齐鲁交通信息集团有限公司		
	客服电话	12328	山东省交通运输厅		
		0531-96669	山东省交通运输监测与应急处置中心,济南市城乡交通运输委员会	年话务量:人工 51 867次	坐席数36个。来电内容排序:1.路况咨询;2.路政服务;3.车辆救援;4.出行线路
		0531-96660	山东省交通运输厅公路局,青岛市公路管理局		
		0531-68971010	齐鲁交通发展集团有限公司		
		0531-61361669	齐鲁交通发展集团有限公司电子收费分公司		
		0531-81760188	山东葛洲坝济泰高速公路有限公司		

附录B 2017年全国公路出行服务系统一览表

续上表

省份	服务类别	名称	运营管理和维护单位/合作对接单位	年度运行和服务情况/合作形式与频率	备注
山东	客服电话	0531-96659	山东高速股份有限公司	年话务量：人工91万次，135万次	坐席数360个（其中人工57个，其余为自动语音），路警联合。来电内容排序：1.路况咨询；2.出行线路；3.业务咨询；4.报警求援；5.业务投诉
		0531-96766（山东）	山东高速集团有限公司电子收费中心		ETC服务
		0531-95011（全国）	山东高速集团有限公司电子收费中心		ETC服务
	广播电视等媒体服务与合作	中央电视台、山东卫视、齐鲁电视台、山东电视台生活频道	山东高速股份有限公司	节假日、突发事件直播发布	
		山东交通广播电台	山东省交通运输监测与应急处置中心	每日高速路况信息对接及微博互动	
		山东交通广播电台	山东高速股份有限公司	整点连线、节假日、突发事件直播发布	有直播席位
		济南交通广播电台	山东高速股份有限公司	整点连线、节假日、突发事件直播发布	
		大众日报、齐鲁晚报、生活日报、济南时报、山东商报	山东高速股份有限公司	节假日、突发事件、重要施工及业务宣传报道	
		青岛市交通广播	山东高速青岛公路有限公司	如节假日、突发事件直播发布出行内容等	
		青岛交通广播FM897	青岛市高速公路管理信息中心	电话连线通知交通事故等突发事件	
		青岛交通广播94.0	青龙高速公路建设有限公司	发布路况	

续上表

省份	服务类别	名称	运营管理和维护单位/合作对接单位	年度运行和服务情况/合作形式与频率	备注
山东	社会和合作	高德地图	山东高速集团有限公司电子收费中心	实时数据交换,定期联合发布路况预测报告	
		支付宝	山东高速集团有限公司电子收费中心	通过城市服务平台,发布实时路况	
		12345市民服务热线	山东高速集团有限公司电子收费中心	日常信息发布,合作指数发布,路网运行特征发布等	
		山东省气象局	山东高速股份有限公司	开展专业气象预报	
河南	出行服务网站或网页	河南省交通公众出行服务网	河南省交通运输厅信息中心	图行河南	
		河南省交通运输厅网站出行服务网页/频道	河南省交通运输厅/信息中心	路况查询,通行费查询	支持手机/平板访问,有手机WAP网站
		高速公路管理局网站	河南省交通运输厅高速公路管理局		
		河南省公路信息港	河南省交通运输厅公路管理局	安全应急平台,超限运输审批	支持手机访问
		河南运政信息网	河南省交通运输厅道路运输管理局		
		河南省高速公路管理与公众信息服务网	河南省交通运输厅高速公路管理局	政策查询,路况信息,施工信息,行政许可	支持手机/平板访问,有手机WAP网站
		中原通ETC网站	河南省视博电子股份有限公司		ETC服务
		河南高速公路联网公司网站(建设中)	河南省高速公路联网监控收费通信服务有限公司	监控视频接入(接入中)	支持手机/平板访问

续上表

省份	服务类别	名 称	运营管理和维护单位/合作对接单位	年度运行和服务情况/合作形式与频率	备 注
河南	新浪认证微博	河南交通	河南省交通运输厅		交通政务宣传,路况信息和业务咨询
		河南高速路况信息	河南省高速公路联网监控收费通信服务有限公司		
		中原通ETC	河南省视博电子股份有限公司		
		河南省交通运输厅-畅行中原	河南省交通运输厅		
		河南交通	河南省交通运输厅		高速公路路况通阻信息
		河南高速公路发展有限责任公司	河南高速公路发展有限责任公司		
		河南省公路工程局集团	河南省公路工程局集团有限公司		
	微信公众号	河南高速	河南省高速公路联网监控通信服务有限公司	年发布信息275条	交通政务信息和出行路况信息,转达收费政策,ETC咨询,介绍高速概况,免征政策等
		ETC中原通	河南省视博电子股份有限公司		ETC宣传,办理指南,网点查询等
		中原通ETC	河南省视博电子股份有限公司		充值,圈存,资金分配,账单查询,预约办理
	移动客户端	车e兴APP	河南省交通通信中心		
	客服电话	12328	河南省交通运输厅高速公路管理局		坐席数68个,路警联合。来电内容排序:1.路况咨询;2.出租车投诉;3.行政执法投诉;4.意见建议
		0731-12122	河南省视博电子股份有限公司		坐席数10个,路警联合。来电内容排序:1.实时路况;2.收费政策;3.ETC咨询;4.高速概况;5.人工服务
		0731-9618968			ETC服务

续上表

省份	服务类别	名称	运营管理和维护单位/合作对接单位	年度运行和服务情况/合作形式与频率	备注
河南	广播电视等媒体服务与合作	河南省电视台新闻频道	河南省高速公路管理局	节假日、突发事件直播发布出行内容	
		河南交通广播（FM104.1）	河南省高速公路联网监控收费通信服务有限公司	驻场连线、新媒体平台直播	监控中心驻场
	社会化合作	河南省气象局	河南省高速公路联网管理中心	数据共享,天气情况,高速路况,路况信息随时更新,天气信息每天2次	
		百度	河南省交通通信中心	提供及时、准确、实用的交通出行信息服务,获得云平台提供的基于互联网企业大数据挖掘技术的数据统计、分析预测等行业管理相关决策支持	
		腾讯	河南省交通通信中心	推送信息,高速公路通阻信息,政务信息推送	
湖北		湖北省交通公众出行服务网	湖北省交通运输厅	交通地图,动态路况,公路信息,出行策划,交通旅游	
	出行服务或网页网站	湖北省交通运输厅公路管理局网站路况信息栏目	湖北省交通运输厅公路管理局	网站动态更新路况信息	支持手机/平板访问,有手机WAP网站
		湖北高速公路公众出行服务网	湖北省高速公路联网收费中心	实时路况,出行指南,路径路费,高速站点,服务区等	支持手机/平板访问,有手机WAP网站
		湖北省高速公路联网收费中心网站最新路况栏目	湖北省高速公路联网收费中心		支持手机/平板访问,有手机WAP网站
		湖北高速公路联网收费网ETC会员服务网	湖北省高速公路联网收费中心	ETC会员账单查询,办事指南,服务网点,空中充值	

续上表

省份	服务类别	名称	运营管理和维护单位/合作对接单位	年度运行和服务情况/合作形式与频率	备注
湖北	出行服务网站或网页	湖北省高速出行路出行服务网	湖北省高速公路联网收费网中心	提供省内高速公路站点、费用、特色线路、景点查询	支持手机/平板访问
		湖北省高速公路ETC会员服务网	湖北省高速公路联网收费网中心	提供ETC会员明细账单查询	支持手机/平板访问
		湖北交通运输厅政务服务大厅	湖北省交通运输厅		
	新浪认证微博	湖北高速公路	(湖北省高速公路)应急处置服务中心		
		湖北高速ETC	湖北省高速公路联网收费网中心		
		湖北高速路况	湖北省高速公路联网收费网中心	实时发布省内高速公路出行服务信息	
	腾讯认证微博	湖北高速路况	湖北省高速公路联网收费网中心	实时发布省内高速公路出行服务信息	
		湖北公众出行	湖北省交通运输厅通信信息中心		
	微信公众号	湖北公路	湖北省交通运输厅公路管理局	年发布信息272条	传播湖北公路信息,展示湖北路形象,打造湖北公路品牌,推动湖北公路发展
		湖北高速	湖北省交通运输厅高速公路管理局(湖北省交通运输厅高速公路路政执法总队)		
		湖北e出行	湖北省高速公路联网收费中心	年发布信息13 314条	2017年交通出行服务产品排名前10

续上表

省份	服务类别	名称	运营管理和维护单位/合作对接单位	年度运行和服务情况/合作形式与频率	备注
湖北	微信公众号	湖北高速ETC	湖北省高速公路联网收费中心		实时发布高速公路出行服务信息;ETC咨询、账单查询、消费推送、业务办理、在线审核、空中充值
		湖北路网	湖北省高速公路联网收费中心		
		湖北省交通运输厅	湖北省交通运输厅		
	移动客户端	湖北高速ETC	湖北省高速公路联网收费中心		实时发布高速公路出行服务信息;ETC咨询、账单查询、业务办理、空中充值
		湖北e出行	湖北省高速公路联网收费中心		
	客服电话	12328	湖北省交通运输厅		坐席数36个。来电内容排序:1.路况咨询;2.业务投诉;3.车辆救援
		027-12122	湖北省高速公路联网收费中心		坐席数15个。来电内容排序:1.出行服务;2.救援;3.投诉;9.语音路况播报
		027-96576	湖北省高速公路联网收费中心		坐席数5个。2014年10月申请全国统一救援和客服电话12122后,该号码变更为湖北高速公路通衢卡专线。来电内容排序:1.通衢卡办理;2.通衢卡办理网点查询;3.ETC优惠;4.售后业务咨询;0.转人工
	广播电视等媒体服务与合作	湖北长江广电广告有限公司楚天交通广播FM92.7	湖北省高速公路应急处置服务中心、湖北楚天高速公路经营开发有限公司	播出时间2018年4月16日—2018年12月31日;推播点位:上午7:45、8:00;下午17:45、19:15;周末不播出;广告长度20秒,总次数744次	

· 170 ·

续上表

省份	服务类别	名　称	运营管理和维护单位/合作对接单位	年度运行和利服务情况/合作形式与频率	备　注
湖北	广播电视等媒体服务与合作	湖北电视台《楚天经纬》《荆楚纵横》《唱响武汉、走进鄂西》栏目组	湖北省高速公路应急处置服务中心、湖北交投实业发展有限公司	合同协议、单次	
		湖北日报	湖北省高速公路应急处置服务中心、湖北交投实业发展有限公司	合同协议、单次	
		《中国高速公路》《中国公路》杂志社	湖北省高速公路应急处置服务中心、湖北交投实业发展有限公司	合同协议、按年	
		恩施电视台恩施州广播影视传媒集团广告有限公司	湖北交投实业发展有限公司	合同协议、按年	
		宜昌恩施台宜昌三峡广播电视台	湖北交投实业发展有限公司	合同协议、按年	
		《中国交通报》《湖北交通报》	湖北省高速公路应急处置服务中心、湖北交投实业发展有限公司	合同协议、单次、通讯员	
		报社三峡晚报	湖北荆宜高速公路有限公司	新闻稿	
		楚天交通广播湖北长江广电广告有限公司	湖北省高速公路应急处置服务中心、湖北省联合交通投资开发有限公司	一天两个时间段（7:30 和 9:30）（双休、国家法定节假日不播出）	
		荆楚网、湖北日报	湖北省高速公路应急处置服务中心、武黄管理处	投送相关新闻文稿以反图片	
		咸宁日报	中交资产管理有限公司湖北区域管理总部综合管理部	不定期	
		FM92.7	湖北省高速公路应急处置服务中心、湖北省高速公路联网收费中心	整点	

续上表

省份	服务类别	名称	运营管理和维护单位/合作对接单位	年度运行和服务情况 合作形式与频率	备注
湖北	广播电视等媒体服务与合作	FM107.8	湖北省高速公路应急处置服务中心、湖北省高速公路联网收费中心	整点	
		FM89.6	湖北省高速公路联网收费中心	半点	
	社会化合作	收费监控代维维护单位 湖北大恒伟业智能科技有限公司	汉十管理处	合同形式,每月1次	
		高速公路通讯代维维护单位 武汉恒晟信通科技发展有限公司	汉十管理处	合同形式,每月2次	
		高德软件有限公司 高德地图	湖北省高速公路应急处置服务中心/随岳南管理处	战略合作模式,实时互通路况信息,每日实时	
		共青团咸宁市委	中国共产党中交资产管理有限公司湖北区域管理总部工作委员会、共青团中交资管湖北区域管理总部委员会	结对帮扶,长期	
湖南	出行服务网站或网页	湖南省交通运输厅行政务网站出行服务网页/频道	湖南省交通运输厅信息中心	工作动态,路况信息	
		湖南公路网	湖南省公路管理局	高速路网,路况信息	
		湖南省高速公路信息服务网	湖南省高速公路管理局		支持手机/平板访问,有手机WAP网站
		湖南省交通公路公众出行信息服务网			支持手机/平板访问,有手机WAP网站
		湖南省高速公路投资集团有限公司网站	湖南省高速公路投资集团有限公司		

附录B 2017年全国公路出行服务系统一览表

续上表

省份	服务类别	名称	运营管理和维护单位/合作对接单位	年度运行和服务情况/合作形式与频率	备注
湖南	出行服务网站或网页	湖南高速公路	湖南省高速公路建设开发总公司信息中心		公务车对账,费率查询,线上留言,新闻发布,政务信息
		湖南省ETC公共服务网	湖南省高速公路监控中心		
	新浪认证微博	湖南高速公路	湖南省高速公路建设开发总公司		
		湖南交通运输	湖南省交通运输厅		
		湖南省公众出行信息服务	湖南省交通运输厅科技信息中心		
	微信公众号	湖南高速公路	湖南省高速公路建设开发总公司	获腾讯·大湘网"2017年度智慧政务民生奖"	
		湖南公路	湖南省公路管理局		路况信息,各地公路工作经验
		湖南高速ETC	湖南省高速公路管理局监控中心		账单查询,优惠折扣信息,充值网点查询
	移动客户端	湖南高速通	湖南省高速路网中心(湖南省高速公路管理局)		高速路网,路况信息,路况导航,出行广播,高速服务,ETC服务等
	客服电话	0731-12328	湖南省交通运输厅		坐席数19个,含ETC服务。未来电内容排序:1.路况咨询;2.业务投诉;3.车辆救援;4.出行线路
		0731-96528	湖南省高速公路管理局监控中心		坐席数19个,含ETC服务,主要提供高速公路路况咨询、投诉举报、意见建议等服务
		0731-12122			

· 173 ·

续上表

省份	服务类别	名称	运营管理和维护单位/合作对接单位	年度运行和服务情况/合作形式与频率	备注
湖南	广播电视等媒体服务与合作	中国高速公路交通广播FM90.5	湖南省高速路网中心	整点半点连线，定期访谈，节假日专题信息发布等	设有广播直播间，专用
		91.8湖南交通频道	湖南省高速路网中心	节假日、突发事件直播发布出行内容等	监控中心设有广播直播平台
	社会化合作	高德地图有限公司	湖南省高速路网中心	实时常态合作	
广东		广东省交通运输厅公众网站出行服务频道	广东省交通运输厅 广东省运输档案信息管理中心	提供一站式出行服务，可查交通新闻、政务信息、路况、出行数据、城市内交通信息、交通数据、热力图等，询班车及买车票；提供APP、微信公众号服务	支持手机/平板访问，有手机WAP网站
		全国交通运输服务监督电话12328广东运管中心	广东省交通运输厅 广东省运输档案信息管理中心	提供电话热线，运输监督投诉查询等	
	出行服务网站或网页	广东省公众出行服务网站	广东省交通运输档案信息管理中心	提供一站式出行服务，可查交通新闻、政务信息、路况、出行数据、城市内交通信息、交通数据、热力图等，询班车及买车票；提供APP、微信公众号服务	
		广东省交通集团高速公路路况直播与客户服务网	广东省交通集团有限公司高速公路监控(客服)中心	实时路况、道路施工、出行提示、高速快览、高速快拍、服务热线、救援服务、服务设施查询、服务投诉	支持手机/平板访问，有手机WAP网站
		广东省公路事务中心公众网	广东省公路管理局	政务公告、公路动态、公路管理、政策法规、专题栏目	支持手机/平板访问，有手机WAP网站

续上表

省份	服务类别	名称	运营管理和维护单位/合作对接单位	年度运行和服务情况/合作形式与频率	备注
广东	出行服务网页或网站	广东省道路运输管理信息网 粤通卡门户网站	广东联合电子服务股份有限公司		业务动态、产品介绍、业务查询及办理、投诉建议等
	腾讯认证微博	广东交通（腾讯）		年发布信息2 457条	一站式出行服务，可查交通新闻、政务信息、路况、出行指数据、城际交通信息、城市内交通信息、交通数据、热力图等，可网上查询班车及买车票；提供公众APP、微信公众号服务
	微信公众号	广东交通	广东省交通运输档案信息管理中心	年发布信息252条	
		广东交通发布	广东省交通运输档案信息管理中心	年发布信息856条	提供广东省内重要交通政策、新闻信息和重点节假日（国庆、春运等）权威讯息的实时发布和推送
		广东高速通（订阅号）	广东省交通集团有限公司高速公路监控（客服）中心	年发布信息781条	实时路况、计划施工、高德路况、高速快览、出行提示、音视频直播、违章代办、车品商城、旅游美食
		广东高速客服（服务号）	广东省交通集团有限公司高速公路监控（客服）中心		
		广东高速公路公司	广东省高速公路有限公司		
		粤高速	广东省高速公路发展股份有限公司		
		广东省高速公路营运管理协会	广东省高速公路营运管理协会		

续上表

省份	服务类别	名称	运营管理和维护单位/合作对接单位	年度运行和服务情况/合作形式与频率	备注
广东	微信公众号	广东高速宝	广州高速宝科技有限公司		
		广东公路路政	广东省公路管理局		
		广东交通集团	广东省交通集团有限公司		
		广东交通执法	广东省交通运输厅		
		粤通卡	广东联合电子服务股份有限公司		业务动态、产品介绍、业务查询及办理（含充值）、投诉建议等
		粤通卡测试	广东联合电子服务股份有限公司		
		货车粤通卡	广东联合电服数据科技股份有限公司		
		货车粤通卡资讯	广东联合电服数据科技股份有限公司		
		粤通卡ETC	广东联合电子服务股份有限公司		
		ETC车宝	广东联邦车网科技股份有限公司		
		粤通卡ETC车宝	广东联邦车网科技股份有限公司		
	移动客户端	广东交通	广东省交通运输档案信息管理中心		一站式出行服务，可查交通新闻、政务信息、路况、出行指数据、城际交通信息、城市内交通信息、交通数据、热力图等，可网上查询班车及买车票。提供APP、微信公众号服务

续上表

省份	服务类别	名 称	运营管理和维护单位/合作对接单位	年度运行服务情况合作形式与频率	备 注
广东	移动客户端	广东高速通	广东省交通集团有限公司高速公路监控（客服）中心	交通运输部路网中心评为"全国公路交通出行服务新媒体客户端服务影响力TOP10"	实时路况、计划施工、高德路况、路况简图、高速快览、出行提示、路况报料、路况定制、音视频直播、违章代办、一键救援、车品商城
		粤通卡	广东联合电子服务股份有限公司		业务动态、产品介绍、业务查询及办理（含充值）、投诉建议等
		粤通卡ETC车宝	广东联邦车网科技股份有限公司		
	客服电话	12328	广东省交通运输厅	地市平台已全部投入运行，省级平台已通过验收，待正常启用	坐席数15个。来电内容排序：1.运输业务咨询；2.业务投诉；3.业务监督
		020-96998（广东省内直播号）	广东省交通集团有限公司高速公路监控（客服）中心	年话务量234 149次	坐席数29个。来电内容排序：1.路况查询；2.车辆救援；3.服务电话查询；4.业务政策咨询；5.路网线路查询；6.投诉受理
		020-96533	广东联合电子服务股份有限公司		ETC服务
	广播电视等媒体服务与合作	中央及广东地方媒体	广东省交通集团有限公司高速公路监控（客服）中心	节假日期间，到集团监控大厅现场采访，或电话连线，全年共214次	监控大厅南侧搭建了约60平方米的演播室
		广东广播电台交通频率	广东省高速公路管理局	如整点、半点连线，定期访谈，节假日专题信息发布等	设有广播直播间，专用
		羊城交通台	广东省交通集团有限公司高速公路监控（客服）中心	节假日期间，电话连线，介绍路网运行情况	
		广东广播电台都市之声	广东高速公路集团有限公司		设有广播直播间，公用

续上表

省份	服务类别	名称	运营管理和维护单位/合作对接单位	年度运行和服务情况/合作形式与频率	备注
广东	社会化合作	腾讯	广东省交通运输厅	交通运输大数据分析,出行指数,春运节假日热力图分析等,引入"互联网+"思维,运用云计算、大数据等技术,对春运期间主要客运集散地的旅客集聚情况、高速公路和国省道的通畅情况、春运旅客流向、各类运输方式的客运承担量,进行数据分析和实时图型显示,对各类出行方式、重要枢纽等进行分析和预警	
		移动	广东省交通运输厅	推进广东智慧交通战略合作,在智慧交通信息化服务体系建设、交通大数据联合创新平台研发、交通道路等基础网络协同规划建设、NB-IoT/5G/车联网等新网络技术在交通行业的创新应用、"互联网+交通运输"创新创业大赛等方面探讨开展多种形式、全面深入的合作	
		高德地图	广东省交通集团有限公司高速公路监控(客服)中心;广东省交通运输厅	联合发布节假日广东省高速公路运行分析和预测报告,为公众带来专业、权威的出行指引;在路况监控引入高德地图拥堵状态触发填报与跟踪机制,能有效对路况进行核实纠偏,使得路网监测的效能和准确性大为提高	1. 为高德地图提供广东高速通平台的交通事件信息(事故、临时管制、路况、施工、养护等); 2. 高德地图为广东高速通提供高德浮动车路况数据
		网易传媒	广东省交通集团有限公司高速公路监控(客服)中心	节假日制作高速公路出返程节目、图片和视频直播节目	

· 178 ·

附录 B　2017年全国公路出行服务系统一览表

续上表

省份	服务类别	名称	运营管理和维护单位/合作对接单位	年度运行和服务情况/合作形式与频率	备注
广西	出行服务网站或网页	广西壮族自治区交通运输厅网站	广西壮族自治区交通运输厅		
		广西壮族自治区公路管理局网站	广西壮族自治区公路管理局信息中心	"出行信息"版块,可实时查看重要路段的公路实况;"留言资讯"版块,及时答复网友留言	支持手机/平板访问
		广西高速公路出行信息服务网	广西壮族自治区高速公路管理局		全区路况信息即时发布
		广西壮族自治区高速公路管理局公路出行服务网站	广西壮族自治区高速公路管理局	1.整合高速公路交通信息资源,通过互联网,可变情报板等各类媒介,为管理部门提供决策支持,为出行者提供较为完善的出行信息服务; 2.为高速公路广大驾乘人员提供路况、突发事件、施工、沿途气象等信息; 3.提供高速地图,路况阻断信息、出行者可以提前安排出行计划,变更出行路线,使出行更安全、更便捷、更可靠; 4.提供高速公路服务区、收费站、通行费率信息查询	
		广西交通投资集团有限公司网站路况信息栏目	广西交通投资集团有限公司		
		八桂行卡服务网站	广西捷通高速科技股份有限公司		

续上表

省份	服务类别	名称	运营管理和维护单位/合作对接单位	年度运行和服务情况/合作形式与频率	备注
广西	新浪认证微博	广西公路管理局	广西壮族自治区公路管理局	年发布信息78条	路况信息,路网开竣工信息
		广西交通运输	广西壮族自治区交通运输厅		
		广西交通12328	广西交通12328运输服务监督电话官方微博		
	微信公众号	广西公路管理局	广西壮族自治区公路管理局		路况信息,路网开竣工信息
		广西捷通	广西捷通高速科技股份有限公司		ETC服务
		广西交通运输厅	广西壮族自治区交通运输厅		
	移动客户端	八桂行	广西捷通高速科技股份有限公司		
	客服电话	12328	广西壮族自治区公路管理局、广西壮族自治区高速公路管理局		坐席数1个。来电内容排序:1.投诉
		12122	广西壮族自治区交通运输厅		
		0771-2115870	广西壮族自治区公路管理局		
		0771-96333	广西壮族自治区高速公路管理局		含ETC服务
	广播电视等媒体服务与合作	广西广播电视台	广西公路管理局	突发事件直播发布出行内容等,滚动播出每年250条	
		广西电视台	广西公路管理局	如鳌点半点连线、定期访谈、节假日专题信息发布等,每年3条	
		南国早报	广西公路管理局	突发事件发布、路网信息发布,每年38篇左右	

续表

省份	服务类别	名称	运营管理和维护单位/合作对接单位	年度运行和服务情况/合作形式与频率	备注
广西	广播电视等媒体服务与合作	南宁晚报	广西公路管理局	突发事件发布、路网信息发布,每年40篇左右	
		广西新闻频道《风云快车》	广西壮族自治区高速公路管理局	全区高速公路因灾害天气、施工需要或交通事故等造成的阻断、改道、绕行等重要路况信息预告或通告	有直播间
		中国气象频道《广西本地气象》			
		广西卫视《天气预报》			
		南宁新闻综合广播FM101.4,广西交通广播FM100.3,广西私家车广播FM930,南宁交通音乐广播FM107.4,玉林交通音乐广播FM99.2	广西壮族自治区高速公路管理局	节假日,突发事件直播发布出行内容	
海南	出行服务网站或网页	海南省公众出行信息服务网	海南省交通运输厅信息中心		
		海南省交通投资控股有限公司网站	海南省交通投资控股有限公司网站		
		海南省公路管理局网站路况信息栏目	海南省公路管理局		
	新浪认证微博	—			
	微信公众号	海南省交通运输厅	海南省交通运输厅		
		海南省公路管理局	海南省公路管理局		
	移动客户端	—			
	客服电话	0898-12328	海南省交通运输厅		
		0898-65343827	海南省交通运输厅		
		0898-66105327	海南省交通运输厅		
		0898-68686123	海南省交通投资控股有限公司网站		

续上表

省份	服务类别	名称	运营管理和维护单位/合作对接单位	年度运行和服务情况/合作形式与频率	备注
海南	广播电视等媒体服务与合作	海南交通广播	海南省公路管理局	突发事件、交通阻断直播发布出行内容	有直播平台
		海南广播电台	海南省公路管理局	突发事件、交通阻断直播发布出行内容	有直播平台
		人民网海南视窗	海南省公路管理局	突发事件、交通阻断直播发布出行内容	
重庆	出行服务网站或网页	重庆交通出行服务网	重庆市交通运行监测与应急调度中心	高速路况、公交、客运服务、火车铁路票务信息查询	支持手机平板访问
		重庆高速公路集团有限公司网站	重庆高速公路集团有限公司	企业文化、行业动态	支持手机平板访问
		重庆高速公路公众服务网(重庆高速公众出行服务网)	重庆高速公路集团有限公司	ETC、出行服务	
		重庆市公路局公众信息网	重庆市公路局	以GIS形式展示全市普通国省道阻断信息	支持手机平板访问
	新浪认证微博	重庆交通	重庆市交通委员会	年发布信息17 500条	重庆十大交通微博、重庆十大政务机构微博
		重庆高速12122	重庆高速公路集团有限公司路网管理中心公众服务部	年发布信息15 733条	粉丝数位居全国行业第一
		重庆市公路局	重庆市公路局	年发布信息1 500条	普通国省道阻断信息
	腾讯认证微博	重庆公路	重庆市公路局	年发布信息1 500条	普通国省道阻断信息
	微信公众号	重庆交通	重庆市交通委员会		微信与热线对接,受理各类交通信息服务;整合提供铁路航空信息的自助查询;高速公路、重点车站视频截图;定制推送

续上表

省份	服务类别	名称	运营管理和维护单位/合作对接单位	年度运行和服务情况/合作形式与频率	备注
重庆	微信公众号	重庆公路	重庆市公路局、重庆市高速公路管理局	年发布信息1500条	普通国省道阻断信息
		重庆高速	重庆高速集团有限公司路网管理中心		行业动态、服务咨询
		重庆高速	重庆高速公路集团有限公司		
		高速带你去旅游	重庆高速公路股份有限公司		
		高速心路	重庆高速公路集团公司联网收费结算中心		
		重庆高速收费通	重庆渝蓉高速公路有限公司		
		重庆高速ETC	重庆高通渝科技有限公司		ETC用户服务
		重庆交通	重庆市交通运输监测与应急调度中心		高速路况、长途客运、公交到站提醒、航班到离港信息
	移动客户端	重庆高速通APP	重庆高速公路集团有限公司		公众出行服务、出行增值服务
		重庆高速通	重庆市交通委员会		含公众出行服务和出行增值服务两大类
	客服电话	023-12328	重庆市交通委员会	年话务量：人工1 374 586次，自动207 855次	坐席数104个，路警联合。来电内容排序：1.路况咨询；2.业务投诉；3.车辆救援；4.出行线路
		023-96096		年话务量：人工1 374 586次，自动207 855次	坐席数104个，路警联合。来电内容排序：1.咨询；2.求助；3.投诉
		023-12122	重庆高速集团网管理中心	年话务量334 186次	坐席数9个，路警联合，包含咨询、救援、举报、投诉等
		023-89077770	重庆交通执法总队指挥中心		

续表

省份	服务类别		名称	运营管理和维护单位/合作对接单位	年度运行和服务情况/合作形式与频率	备注
重庆	广播电视等媒体服务与合作		重庆交通广播电台FM95.5	重庆市交通运行监测与应急调度中心	节假日出行大专题栏目，每周热点新闻评论，实时路况等，每日四档连线直播路况，每日"一路放轻松"节目	设有广播直播间，专用
			重庆交通广播《交广乐道通》	重庆高速公路集团有限公司路网中心公众服务部	每日早晚高峰固定连线突发事件连线	
			重庆交通广播《驾驶员俱乐部》	重庆高速公路集团有限公司路网中心公众服务部	每月一次直播	
	社会化合作		重庆元征科技	重庆市交通运行监测与应急调度中心	出行信息发布，互联网大数据研究	
			重庆时报	重庆市交通委员会	每季度进行一次第三方满意度调查	
			同升国际			
			高德地图			
			华龙网	重庆市交通运行监测与应急调度中心	在节假日或高考等重要时段开展联合网络直播	
四川	出行服务网站或网页		四川省交通运输厅政务网站出行服务网页	四川省交通运输厅信息中心	坚持以公众需求为导向，加强资源整合，推进数据开放共享，构建综合交通信息服务体系	支持手机/平板访问，有手机WAP网站
			四川省12328网站	四川省交通运输厅信息中心	信息咨询，投诉举报，意见建议受理及办理结果的查询	支持手机/平板访问，有手机WAP网站
			四川交通公众出行网站服务系统	四川省交通运输厅		

附录B 2017年全国公路出行服务系统一览表

续上表

省份	服务类别	名称	运营管理和维护单位/合作对接单位	年度运行和服务情况/合作形式与频率	备注
四川	出行服务网站或网页	四川交通出行			
		四川省交通运输厅公路局网站出行服务栏目和交通流量分析展现系统	四川省交通运输厅高速公路管理局		
		四川省交通运输厅高速公路管理局网页出行服务栏目(高速公路交通执法总队)	四川省交通运输厅高速公路管理局(高速公路交通执法总队)	公众出行、办事指南、线路规划、通阻信息、施工信息等	
		四川交通在线	四川省高速公路监控结算中心		
	新浪认证微博	四川交通	四川省交通运输厅		"四川省首机关政务新媒体综合影响力奖"、"十大政务微博"
		四川高速	四川省交通运输厅高速公路管理局	年发布信息2 400条	被广大网友转载阅读总数达到2 500余万人次,获"新媒体政务服务奖"
	微信公众号	四川12328	四川省交通运输厅		
		四川省交通运输厅高速公路管理局(高速公路交通执法总队)	四川省交通运输厅高速公路管理局(高速公路交通执法总队)	年发布信息121条	
		四川交通新闻	四川省交通宣传中心	年发布信息1 223条	日常重要信息发布,节假日出行指南发布,重要法规解读,突出权威性,贴近生活
		四川高速公路ETC	四川省高速公路监控结算中心		交通图文、交通动态、交通路况等

续上表

省份	服务类别	名称	运营管理和维护单位/合作对接单位	年度运行和服务情况/合作形式与频率内容	备注
四川	移动客户端	四川交通公众出行	四川省交通运输厅		
		四川交通出行	四川省交通运输厅		
	客服电话	12328	四川省交通运输厅信息中心	年话务量 264 947 次	坐席数 45 个。来电内容排序：1.投诉举报；2.信息咨询；3.意见建议
		028-12122	四川省交通运输厅高速公路监控结算中心	年话务量 432 283 次	坐席数 160 个，含 ETC 服务
	广播电视等媒体服务与合作	四川交通广播电台（FM101.7）	四川省交通运输厅公路局、四川省交通运输厅高速公路管理局	节假日、突发事件直播发布内容	
	社会化合作	一点资讯/封面新闻/四川发布客户端	四川省交通运输厅	合作形式：微信信息对接；频率：每天、日常信息发布、突发事件发布、节假日、突发事件出行特征、绕行路线等	
		百度/高德	四川省交通运输厅	频率：实时；合作形式：与百度联合发布实时路况，进行数据分析；与高德联合发布实时路况、交通相关数据共享与交换等	
		交通运输部公路院 ITS 中心	四川省交通运输厅	全国交通运输行业云服务平台建设、交通相关数据共享与交换、出行信息服务新建或升级、全国出行信息服务体系协同推广、多源数据下的交通行业决策支持	
		今日头条/网易头条	四川省交通宣传中心	重大交通事件、突发交通事件发布、舆论引导、日常信息发布等	

续上表

省份	服务类别		名　　称	运营管理和维护单位/合作对接单位	年度运行和服务情况合作形式与频率	备　　注
贵州	出行服务网站或网页		贵州省交通运输厅网站出行服务网页	贵州省交通运输厅/信息中心		支持手机/平板访问，有手机WAP网站
			贵州省高速公路管理局站出行服务网页	贵州省高速公路管理局		
			贵州高速公路集团有限公司网站	贵州高速公路集团有限公司		
			ETC黔通卡	贵州黔通智联科技产业发展有限公司		
	新浪认证微博		贵州高速12328	贵州高速公路开发总公司		路况信息
			贵州交通	贵州省交通运输厅		
			贵州公路	贵州省公路局		
	微信公众号		贵州路网12328	贵州高速公路集团有限公司		
			贵州高速	贵州高速公路集团有限公司		
			贵州高速营运	贵州高速公路集团有限公司		
	移动客户端		黔通途	贵州省公路开发有限责任公司 贵州高速公路集团有限公司黔通智联		一键救援、路况查询等
	客服电话		0851-12328	贵州高速公路集团	年话务量 433 346 次	坐席数 21 个，节假日路警联合值班。来电内容排序：1.业务咨询；2.报警救援；3.投诉建议；4.其他
			0851-12122	贵州高速公路集团路网中心		

续上表

省份	服务类别	名称	运营管理和维护单位/合作对接单位	年度运行和服务情况/合作形式与频率	备注
贵州	广播电视等媒体服务与合作	贵州电视台	贵州高速公路集团路网中心	节假日、突发事件直播发布出行内容等	
		102.7广播电台	贵州高速公路集团有限公司	整点半点播报连线,节假日信息发布,采访	设有专用广播直播间
		95.2广播电台	贵州高速公路集团有限公司	整点半点播报连线,节假日信息发布,采访	
	社会化合作	今日头条	贵州高速公路集团路网中心	目前已申请账号但暂未通过验证	
		高德地图	贵州高速公路集团路网中心	提供贵州省高速交通信息发布平台使用	
云南	出行服务网页或网站	云南省交通运输厅公众信息服务网	云南省交通运输厅		
		云南省公路路政管理总队网站公众服务网页	云南省公路路政管理总队		
		云南省公路局网站路况信息栏目	云南省公路局		
		云南省公路开发投资有限责任公司网站出行服务网页	云南省公路开发投资有限责任公司		
	新浪认证微博	云南交通微博	云南省交通运输厅		
		云南交通运输厅	云南省交通运输厅		"云南路政为您服务"手机网站
	微信公众号	云南高速通	云南省公路开发投资有限责任公司		

续上表

省份	服务类别	名 称	运营管理和维护单位/合作对接单位	年度运行和服务情况/合作形式与频率	备 注
云南	移动客户端	智慧出行通	云南省交通运输厅		
		云南高速通	云南省公路开发投资有限责任公司		
	客服电话	0871-12328	云南省交通运输厅		
		0871-96123	云南省公路开发投资有限责任公司		含ETC服务
	广播电视等媒体服务与合作	云南交通之声FM9.8			
西藏	出行服务网站或网页	西藏自治区交通运输厅网站出行服务网页	西藏自治区交通运输厅通信信息中心	出行路线、公交线路、公共自行车、加油站、停车场	支持手机/平板访问,有手机WAP网站
		西藏自治区公路局网站路网信息和出行服务网页	西藏自治区公路局	提供天气信息、路况信息等查询	
	新浪认证微博	—			
	微信公众号	—			
	移动客户端	—			
	客服电话	0891-12328	西藏自治区交通运输厅通信信息中心	年话务量5 000余次	来电内容排序:1.路况咨询;2.业务投诉;3.车辆救援;4.出行线路
		0891-96230	西藏自治区交通运输厅通信信息中心		
	广播电视等媒体服务与合作	—			

续上表

省份	服务类别	名称	运营管理和维护单位/合作对接单位	年度运行和服务情况/合作形式与频率	备注
陕西	出行服务网站或网页	陕西省交通运输厅出行服务网站	陕西省交通运输厅网站		
		陕西省公路局公众服务网页	陕西省公路局	通行信息、施工信息	支持手机/平板访问
		三秦气象信息网陕西省公路气象信息网页	陕西省气象台、陕西省公路局		
		陕西省高速公路收费管理中心公众服务网站	陕西省高速公路收费管理中心	高速路况、通行费、ETC、通行政策、高速服务点信息、在线问询	支持手机/平板访问
		三秦通服务网	陕西高速公路电子收费有限公司	三秦通动态信息发布、三秦通业务开展重要通告通知等	支持手机/平板访问
	新浪认证微博	陕西交通	陕西省交通运输厅		
		陕西交通12122	陕西省高速公路收费管理中心	年发布信息5 052条	新浪政务微博风云榜"2015陕西十大交通系统微博"
	腾讯认证微博	陕西交通	陕西省交通运输厅		
		陕西交通12122	陕西省高速公路收费管理中心	年发布信息5 052条	腾讯网2014年西北政务微博传播力奖、2015年陕西政务微博年度运营奖
		陕西公路路况	陕西省公路局	年发布信息370条	
	微信公众号	陕西交通	陕西省交通运输厅		
		公路气象-陕西	陕西省公路局		国省干线的天气情况、旅游线路、施工信息及路况信息
		陕西交通12122	陕西省高速公路收费管理中心		即时路况信息及施工信息,高速公路收费标准、绿色通道政策,服务区信息,省内主要客运站、三秦通网点信息及消费查询

续上表

省份	服务类别	名称	运营管理和维护单位/合作对接单位	年度运行和服务情况/合作形式与频率	备注
陕西	微信公众号	三秦通	陕西高速公路电子收费有限公司		三秦通消费明细查询,推送与三秦通业务有关的新闻资讯及优惠活动
		陕西交通集团	陕西省交通建设集团公司		
		陕西高速服务	陕西高速公路服务有限责任公司		
		陕西高速路政	陕西省公路局路政执法总队		
		陕西高通	陕西蓝德慧智交通科技有限公司		
		陕西智慧高速	陕西蓝德慧智交通科技有限公司		
		陕西省高速集团服务区管理分公司	陕西高速集团服务区管理分公司		
	移动客户端	陕西交通	陕西省交通运输厅		交通政务(政务信息内容)、在线服务(信息查询,互动交流)、路况信息(实时高速路、干线公路路况信息),陕西交通报(陕西交通移动电子版)
		陕西高速	陕西省高速公路收费管理中心		地图指示,路线规划与通行费查询,实时路况和通定位报警救助,道路通行状态查询,道路监控图像查询
		高速公路信息采集	陕西省高速公路收费管理中心		公路信息,照片采集报送功能,具备"陕西高速通"各项功能

续上表

省份	服务类别	名称	运营管理和维护单位/合作对接单位	年度运行和服务情况/合作形式与频率	备注
陕西	移动客户端	陕西高管通	陕西省高速公路收费管理中心		全省高速公路路网收费站出入口的实时交通流量信息,道路交通事故信息,养护施工信息,收费广场图像,道路摄像机图像,服务区摄像机图像(接入监控系统的)以及情报板当前正在发布的交通信息;人工采集,报送收费站、服务区运行状况信息及道路突发事件信息、信息汇集全省高速公路综合监控系统;对道路日常养护各环节进行全过程管理。该软件与陕西省高速公路综合监控系统实现了数据融合
		三秦通卡	陕西高速公路电子收费有限公司		三秦通业务有关的新闻资讯优惠活动等内容,充值服务
	客服电话	029-88408840	陕西省公路局	年话务量 16 900 次	坐席数 4 个。来电内容排序:1.路况咨询;2.出行线路;3.施工信息;4.天气问询;5.投诉及意见建议
		029-12328	陕西省高速公路收费管理中心	12328 与 12122 并线运行,年话务量 35.94 万次	坐席数 40 个。来电内容排序:1.路况咨询;2.出行线路;3.通行费查询;4.非现金业务;5.收费公路政策;6.车辆救援业务;7.投诉及意见建议
		029-12122			
		029-86531120(工作日:周一至周五)	陕西高速公路电子收费有限公司		

续上表

省份	服务类别	名称	运营管理和维护单位/合作对接单位	年度运行和服务情况/合作形式与频率	备注
陕西	广播电视等媒体服务与合作	陕西交通广播 FM91.6	陕西省高速公路收费管理中心	日常整点半点定时连线,遇重大突发事件随时插播;节假日联合录制"12122之声"专题节目	设有广播直播间,专用
		都市快报广播 FM99.0	陕西省高速公路收费管理中心	日常整点半点定时连线;节假日联合录制"12122之声"专题节目	
		汽车调频 FM89.6	陕西省高速公路收费管理中心	日常定时连线;节假日联合录制"12122之声"专题节目	
		西安交通旅游广播 FM104.3、陕西新闻广播 FM101.8、渭南交通广播 FM90.9、宝鸡交通旅游广播 FM99.7、铜川交通音乐台 FM101.5、汉中交通旅游广播 FM94.3、安康交通广播 FM95.9、延安交通音乐广播 FM98.7、榆林交通文艺广播 FM95.9	陕西省高速公路收费管理中心	整点/半点定时连线	
	社会化合作	陕西省气象局	陕西省公路局	向社会公众发布干线公路气象天气信息	
		高德软件有限公司	陕西省高速公路收费管理中心	高速公路路况事故信息、施工信息、管制信息等,高德地图提供高速公路实时状态及地图基础信息,实时推送	
		支付宝	陕西省高速公路收费管理中心	向支付宝城市服务模块提供高速公路路况事故信息、施工信息、管制信息等。信息实时推送	

续上表

省份	服务类别	名称	运营管理和维护单位/合作对接单位	年度运行和服务情况/合作形式与频率	备注
甘肃	出行服务网站或网页	甘肃省交通运输厅门户网站	甘肃省交通科技通信中心	交通新闻,出行路况	支持/有手机WAP网站
		甘肃省公路管理局门户网站	甘肃省公路局	出行路况	支持/有手机WAP网站
		甘肃省高速公路管理局门户网站	甘肃省高速公路管理局	出行天气,实时路况,路况信息,通行费查询,服务区动态,高速路网,高速信息,高速文化,网上咨询,局长信箱,ETC专栏	支持/有手机WAP网站
		甘肃省交通科技通信中心门户网站	甘肃省交通科技通信中心	出行路况	支持/有手机WAP网站
	新浪认证微博	甘肃交通	甘肃省交通运输厅		
		甘肃省交通科技通信中心	甘肃省交通科技通信中心		
		甘肃高速	甘肃省高速公路管理局		全方位的路网施工信息、道路运行情况、实时天气、行车安全提示等服务信息
	微信公众号	甘肃交通运输	甘肃省交通运输厅		
		甘肃高速96969	甘肃省高速公路交通指挥调度总中心	年发布信息5 124条	天气路况(包含文字及语音)、交通服务(包含高速要闻及ETC业务查询)、出行助手(包含服务区油品供应、通行费及相关政策查询)
		甘肃交通12328	甘肃省交通运行(路网)监测与应急处置中心	年发布信息570条	路况信息、客运班线、节假日温馨提示等信息服务
		甘肃公路	甘肃省公路管理局		
		甘肃爱城市	甘肃万维信息技术有限责任公司		

续上表

省份	服务类别	名称	运营管理和维护单位/合作对接单位	年度运行服务情况/合作形式与频率	备注
甘肃	移动客户端	甘肃爱城市	甘肃省高速公路管理局		高速路况
		甘肃ETC	甘肃省高速公路管理局		
	客服电话	0931-12328	甘肃省运管理局		坐席数24个。来电内容排序：1.兰州市交通运输咨询与投诉；2.省高速公路咨询与投诉；3.省道路运输咨询与投诉；4.省路政执法咨询与投诉；5.省路政监咨询与投诉；6.省交通质监咨询与投诉；7.省水路运输咨询与投诉
		0931-12122	甘肃省高速公路路警联合指挥中心	年话务量23 284次	坐席数2个，路警联合。来电内容咨询：1.路况天气查询；2.报警救援；3.咨询投诉；4.人工服务
		0931-96969	甘肃省高速公路管理局	年话务量223 081次	坐席数6个，路警联合，含ETC服务。来电内容排序：1.路况天气查询；2.报警救援；3.咨询投诉；4.人工服务
	广播电视等媒体服务	甘肃新闻综合广播FM96.0	甘肃省高速公路管理局	每天定点和不定点连线，及时播报高速实时路况，重大交通事故和重大突发公共事件信息	
		甘肃交通广播FM103.5	甘肃省高速公路管理局		
		兰州交通音乐广播FM99.5	甘肃省高速公路管理局		
	社会化合作	今日头条	甘肃省交通运行（路网）监测与应急处置中心	今日头条甘肃路网运行情况、发布甘肃路网公众号，发布甘肃路网运行情况、节假日路网温馨提示、重大突发事件、交通行业综合新闻	
		百度	甘肃省交通运行（路网）监测与应急处置中心、甘肃省交通运输厅	开展基于数据开放融合的交通出行服务政企共建合作；开展基于交通大数据政策的决策分析研究	
		高德	甘肃省交通运行（路网）监测与应急处置中心	对高速公路及国省干线进行实时监测，发布拥堵信息	

续上表

省份	服务类别	名称	运营管理和维护单位/合作对接单位	年度运行和服务情况/合作形式与频率	备注
青海	出行服务网站或网页	青海交通网站出行服务网页	青海省交通运输厅	全省交通新闻、路况信息等	支持手机/平板访问
		青海省交通公众出行信息服务网	青海省公路网运行监测与应急处置中心	地图查询、实时路况、气象预警、道路气象查询、旅游景点、12328网上咨询等	支持手机/平板访问
		青海交通专业气象服务网	青海省公路网运行监测与应急处置中心	全省道路气象信息	支持手机/平板访问
		青海省公路网运行监测与应急处置中心门户网	青海省公路网运行监测与应急处置中心	路网服务、应急管理、交通新闻等	支持手机/平板访问
		青海高速公路网站网路服务网页	青海省高等级公路建设管理局	高速公路日常信息发布、突发事件发布	支持手机/平板访问
		青海省公路局网站出行栏目	青海省公路局	电子地图、路况信息、客运查询、公交查询、列车查询、航班查询、天气预报	
		青海省高等级公路建设管理中心电子收费管理中心服务网站	青海省高等级公路建设管理局电子收费管理中心	ETC政策法规、动态信息、业务办理信息浏览、用户留言查询、充值等功能。后期逐步完善网上查询等功能	
	新浪认证微博	青海省交通运输厅	青海省交通运输厅	年发布信息498条	政务及路况信息
		青海路网	青海省公路网运行监测与应急处置中心	年发布信息10 058条	
	腾讯认证微博	青海交通信息厅	青海省交通信息中心		
		青海省交通运输厅	青海省交通运输厅	年发布信息498条	政务及路况信息
	微信公众号	青海交通	青海省交通运输厅	年发布信息70条	政务信息
		青海交通12328	青海省公路网运行监测与应急处置中心	年发布信息144条	微出行、微服务、微互动等功能

附录B 2017年全国公路出行服务系统一览表

续上表

省份	服务类别	名称	运营管理和维护单位/合作对接单位	年度运行和服务情况/合作形式与频率	备注
青海	微信公众号	青海省交通运输厅	青海省交通运输厅	年发布信息238条	
		青海路网	青海省公路网运行监测与应急处置中心	年发布信息1 095条	
		青海省公路运输管理局	青海省公路运输管理局		
		青海省公路路政执法总队	青海省公路路政执法总队		
		ETC青海智捷	青海智捷交通一卡通电子收费有限公司		
	移动客户端	青海交通移动信息服务平台	青海省公路网运行监测与应急处置中心		通讯录、信息报送、应急处置、交通实景、视频监控、路网监测、路政执法、道路运输、法律法规
		青海交通			
	客服电话	0971-12328	青海省公路网运行监测与应急处置中心	年话务量69 875次	坐席数3个,路警联合。未电内容排序:1.信息咨询;2.应急救援;3.投诉举报;4.意见建议
		0971-12122			
		0971-6231000	青海省高等级公路建设管理局电子收费管理中心		
		0971-6232000	青海省高等级公路建设管理局电子收费管理中心		
	广播电视等媒体服务与合作	青海交通音乐广播FM97.2、青海省经济生活频道化儿调频FM90.3	青海省公路网运行监测与应急处置中心	每日9:30发送路况提醒信息	遇突发事件直播连线进行路况信息播报
		青海广播电台新闻综合频道FM98.9	青海省公路网运行监测与应急处置中心	10:10,12:00,17:30连线直播全省干线公路最新实时路况	遇突发事件直播连线进行路况信息插播

续上表

省份	服务类别	名称	运营管理和维护单位/合作对接单位	年度运行和服务情况/合作形式与频率	备注
青海	广播电视等媒体服务与合作	青海广播电台经济频道 FM107.5	青海省公路网运行监测与应急处置中心	09:30、12:05、16:00 连线直播全省干线公路最新实时路况	遇突发事件直播连线进行路况信息播报
		大青海网	青海省公路网运行监测与应急处置中心	微博随时互动	
		西宁网络电视台	青海省公路网运行监测与应急处置中心	节假日、特殊时段采访	
		青海电视台百姓一时间	青海省公路网运行监测与应急处置中心	节假日、特殊时段采访	
		省内各类纸媒	青海省公路网运行监测与应急处置中心	出行服务信息随时通报	
	社会化合作	百度地图	青海省路网运行监测与应急处置中心	路况信息共享、实时交换	
		高德地图	青海省路网运行监测与应急处置中心	路况信息共享、实时交换	
		今日头条	青海省路网运行监测与应急处置中心	出行服务资讯发布,根据实际情况发布	
		网易新闻	青海省路网运行监测与应急处置中心	出行服务资讯发布,根据实际情况发布	
		一点资讯	青海省路网运行监测与应急处置中心	出行服务资讯发布,根据实际情况发布	

续上表

省份	服务类别		名 称	运营管理和维护单位/合作对接单位	年度运行和服务情况/合作形式与频率	备 注
宁夏	出行服务网站或网页		宁夏交通出行服务网	宁夏路网监测与应急处置中心	自驾出行,信息搜索,分类地图,旅游景点,线路查询,地图下载,天气情况等	支持手机/平板访问
			宁夏交通气象网	宁夏路网监测与应急处置中心	全区各路段天气情况	支持手机/平板访问
			宁夏ETC客户服务网站	宁夏公路管理局	查询发行,修改,换卡信息,充值,消费记录等信息,介绍ETC服务网点分布,发布相关交通知公告,ETC产品介绍,ETC动态业务宣传,政策法规等服务	
	新浪认证微博		宁夏交通运输厅	宁夏交通运输厅		
			宁夏路网	宁夏路网监测与应急处置中心	年发布信息1 300条	出行路况信息,道路施工信息,气象信息,投诉建议等
	微信公众号		宁夏交通运输厅官微	宁夏交通运输厅		
			宁夏交通运输厅	宁夏交通运输厅		
			宁夏路网	宁夏路网监测与应急处置中心	年发布信息40条	出行路况信息,道路施工信息,气象信息,投诉建议等
			宁夏出行之家	深圳市千弘汇鑫投资管理有限公司		
	移动客户端		宁夏出行易	宁夏路网监测与应急处置中心		即时路况、气象信息;具备导航、路线查询、事件上报(含文字、图片)
	客服电话		0951-12328	宁夏交通运输厅运输处	年话务量74 807次	坐席数8个,路警联合,来电内容排序:1.路况咨询;2.业务投诉;3.车辆救援;4.出行线路
			0951-96958	宁夏公路管理局		

续上表

省份	服务类别	名称	运营管理和维护单位/合作对接单位	年度运行和服务情况/合作形式与频率	备注
宁夏	广播电视等媒体服务与合作	宁夏交通广播 FM98.4	宁夏路网监测与应急处置中心	重大节假日播报公众出行服务提示	监控中心设有连线直播平台
		银川市广播电台交通 FM100.6	宁夏路网监测与应急处置中心	节假日专题信息发布等	
		新消息报	宁夏路网监测与应急处置中心	节假日路网运行专报发布	
新疆	出行服务网站或网页	新疆维吾尔自治区交通公众出行信息服务网	新疆维吾尔自治区交通运输厅路网监测与应急处置中心	公路阻断信息、公路气象信息、出行策划、公路铁路民航班线、通行费查询	支持手机/平板访问
	新浪认证微博	新疆交通	新疆维吾尔自治区交通运输厅新闻办		年内未发
	微信公众号	新疆昌吉公路出行服务平台	昌吉公路管理局		
	移动客户端	新疆路况			
		新疆高速通			
	客服电话	0991-12328	新疆维吾尔自治区交通信息中心	年话务量 121 903 次	坐席数 10 个。来电内容排序：1. 咨询；2. 业务投诉；3. 意见及建议
	广播电视等媒体服务与合作	新疆人民广播电台 949 交通广播	新疆维吾尔自治区交通运输厅路网监测与应急处置中心	每日连线播报	设有广播直播间
		新疆人民广播电台哈萨克语《交通热线》	新疆维吾尔自治区交通运输厅路网监测与应急处置中心	每日定点推送	

附录C 重要通道运行状况评价结果汇总表

序号	通道名称		技术状况		阻断情况			拥挤情况		通道运行指数
			PQI	技术状况空间分布	阻断程度	阻断事件特征	拥挤度[1]	交通量空间分布特征	拥挤度空间分布特征	
1	京哈通道	高速公路	90.54 优等	辽宁段处于良等水平,京津冀段处于优等水平	累计阻断时间 500.11d;累计阻断里程 13 123.65km;阻断严重程度 6 218.02km·d	京哈通道全年共上报阻断事件289起,其中突发性阻断事件246起,计划性阻断事件43起。河北省境内路段阻断事件频度最高	0.63 轻度拥堵	京哈通道中高速公路(G1)北京、天津、河北和辽宁段交通量较大,其中河北段达到60 310pcu/日,为17 945pcu/日,连续6年保持增长态势。北京段黑龙江段最小,比去年略有下降。北京段58 023pcu/日,超过6年保持增长态势。平行的G102北京、天津段交通量较大,超过40 000pcu/日,东北地区交通量较小,其中黑龙江段交通量最小,为7 896pcu/日;除吉林段外,其余路段交通量比去年都有不同程度减少	京哈通道高速公路(G1)中,河北段、辽宁段轻微拥堵,其余路段均基本畅通。与上年相比,河北段拥堵情况略有好转,其余路段基本持平。平行的普通公路(G102)中,天津段达到严重拥堵。北京段、河北段、辽宁段中度拥堵,吉林段轻度拥堵,黑龙江段基本畅通。与上年相比,河北段、天津段、黑龙江段拥堵情况有所减缓;其余路段基本持平	3.62
		普通公路	81.53 良等	黑龙江段处于中等水平,津辽吉段处于良等水平,京冀段处于优等水平	累计阻断时间 91.08d;累计阻断里程 300.39km;阻断严重程度 110.66km·d		0.84 轻度拥堵			3.57

[1] 拥挤度:指通道年平均日交通量占通道适应交通量的比值。

续上表

序号	通道名称	技术状况		阻断情况		拥挤情况			通道运行指数
		PQI	技术状况空间分布	阻断程度	阻断事件特征	拥挤度	交通量空间分布特征	拥挤度空间分布特征	
2	京沪通道 高速公路	93.55 优等	全路段均处于优等水平	累计阻断时间 180.49d；累计阻断里程 10 354.77km；阻断严重程度 4 872.46km·d	京沪通道全年共上报阻断事件551起，阻断事件大幅下降，其中突发性阻断事件519起，计划性阻断事件32起	0.96 严重拥堵	京沪通道中的高速公路（G2）全线交通量都较大，上海段交通量最大，为97 770pcu/日，天津段交通量最小，为19 773pcu/日；北京、山东、河北段平均与去年相比有所增长。平行的普通公路中，G312上海段交通量为36 463pcu/日，比去年有所下降；G205江苏段，G104北京段和G205山东天津段，均超过25 000pcu/日。天津段、江苏段交通量分别较去年增长22%和2%；其余路段交通量与去年相比略有降低	京沪通道中的高速公路（G2）中，北京段，河北段，上海段和江苏段严重拥堵，山东段中度拥堵，天津段畅通。北京段，河北段，山东段拥堵情况有所加剧，其余路段拥堵程度与上年基本持平。平行的普通公路中，G104天津段轻度拥堵，其余路段中度拥堵或严重拥堵。与上年相比，G104天津段拥堵情况有加剧，北京段、上海段拥堵情况略有好转，其余路段基本持平。	2.88
	京沪通道 普通公路	90.74 优等	全路段均处于优等水平	累计阻断时间 137.33d；累计阻断里程 46.87km；阻断严重程度 131.36km·d	京沪通道高速公路北京段、普通公路山东段阻断里程较去年大幅下降	0.98 中度拥堵			3.7

附录 C　重要通道运行状况评价结果汇总表

续上表

序号	通道名称		技术状况		阻断情况			拥挤情况			通道运行指数
			PQI	技术状况空间分布	阻断程度	阻断事件特征		拥挤度	交通量空间分布特征	拥挤度空间分布特征	
3	京港澳通道	高速公路	93.40 优等	各路段均处于优等水平	累计阻断时间 818.07 d 累计阻断里程 17 136.87 km 阻断严重程度 10 594.79 km·d	京港澳高速公路与普通公路阻断严重程度比去年有大幅下降。全年阻断事件 1 060 起,其中突发性阻断事件 804 起,较去年明显下降,计划性阻断事件 256 起,比去年下降 42%。河南和湖南境内路段阻断事件的频度最高,但较去年有大幅减少。		0.84 中度拥堵	京港澳通道中的高速公路(G4)交通量较大,全线均超过 38 000 pcu/d,其中北京段交通量最大,为 86 106 pcu/d;除北京段外湖北段交通量较去年都有所增长。平行的普通公路北京、河北、河南段均超过 25 000 pcu/d;湖南段交通量最小,为 15 452 pcu/d。北京和河北段分别增长 34% 和 13%;其余路段段基本持平。	京港澳通道中的高速公路(G4)北京段、湖南段和广东段严重拥堵,湖北段轻度拥堵,河北段、河南段基本畅通。与上年相比,广东段拥堵情况略有好转,其余路段拥堵程度基本持平。平行的普通公路 G107 全线拥堵拥堵较明显,河北段、河南段中度拥堵或严重拥堵,北京段轻度拥堵。与上年相比,北京段拥堵情况有所加剧,其余路段基本持平。	3.18
		普通公路	86.64 良等	北京、广东段处于优等水平,其余路段处于良等水平	累计阻断时间 0.42 d 累计阻断里程 28.91 km 阻断严重程度 0.11 km·d	湖南段全年共有计划性阻断事件 220 起,比去年下降 46.3%		0.67 基本畅通			4.11

续上表

序号	通道名称	技术状况		阻断情况			拥挤情况			通道运行指数
		PQI	技术状况空间分布	阻断程度	阻断事件特征		拥挤度	交通量空间分布特征	拥挤度空间分布特征	
4	长深通道	高速公路 94.07 优等	各路段均处于优等水平	累计阻断时间 194.84d 累计阻断里程 8581.19km 阻断严重程度 4165.43km·d			0.56 基本畅通	长深通道中的高速公路（G25）全线较为通畅，仅浙江段达到中度拥堵，天津段、广东段达到轻度拥堵，其余路段基本畅通或拥堵畅通。与上年相比，浙江段、天津段拥堵有所增加，其余各路段拥堵情况基本持平。平行的普通公路中，G101辽宁段，G203吉林段，G205福建段基本畅通，其余路段轻度拥堵或中度拥堵。G205安徽段，G205天津段拥堵有加剧，浙江段拥堵情况有好转，其余路段拥堵基本持平	长深通道中的高速公路（G25）全线较为通畅，仅浙江段达到中度拥堵，天津段、广东段达到轻度拥堵，其余路段基本畅通或拥堵畅通。与上年相比，浙江段、天津段拥堵有所增加，其余各路段拥堵情况基本持平。平行的普通公路中，G101辽宁段，G203吉林段，G205福建段基本畅通，其余路段轻度拥堵或中度拥堵。G205安徽段，G205天津段拥堵有加剧，浙江段拥堵情况有好转，其余路段拥堵基本持平	4.04
		普通公路 88.48 良等	辽宁、河北、天津、广东处于良等水平，其余路段处于优等水平	累计阻断时间 258.08d 累计阻断里程 52.64km 阻断严重程度 167.61km·d	长深通道高速公路阻断严重程度与去年基本持平。全年共上报阻断事件202起，其中突发性阻断事件164起，计划性阻断事件38起，阻断事件总数比去年下降47.8%		0.93 中度拥堵			3.7

附录C 重要通道运行状况评价结果汇总表

续上表

序号	通道名称		技术状况		阻断情况			拥挤情况			通道运行指数
			PQI	技术状况空间分布	阻断程度	阻断事件特征		拥挤度	交通量空间分布特征	拥挤度空间分布特征	
5	连霍通道	高速公路	91.94 优等	新疆段处于良等水平，其余各路段均处于优等水平	累计阻断时间 5 331.39d 累计阻断里程 25 786.19km			0.36 基本畅通	连霍通道中的高速公路（G30）全线较为畅通，各路段均为基本畅通或拥堵情况有所减缓，其余各路段拥挤度基本持平。平行的普通公路中，G310 河南段，G312 新疆段轻度拥堵，其余路段基本畅通或畅通。与上年相比，河南段拥堵有所减缓，拥堵基本持平	连霍通道中的高速公路（G30）全线较为畅通，各路段均为基本畅通或拥堵情况有所减缓，其余各路段拥挤度基本持平。平行的普通公路中，G310 河南段，G312 新疆段轻度拥堵，其余路段基本畅通或畅通。与上年相比，河南段拥堵有所减缓，拥堵基本持平	3.74
		普通公路	87.78 良等	江苏段处于优等水平，其余各路段均处于良等水平	累计阻断时间 3 736.09d 累计阻断里程 3 214.30km 阻断严重程度 84 434.79 km·d	连霍通道甘肃段阻断严重程度比去年大幅上升。全年共上报阻断事件 1074 起，比去年增长 83%。其中突发性阻断事件 815 起，计划性阻断事件 259 起。甘肃段阻断事件较去年激增，突发性阻断事件达到 298 起，为去年的 74.5 倍，计划性阻断事件 217 起，为去年的 12 倍		0.70 基本畅通			3.17

续上表

序号	通道名称		技术状况		阻断情况			拥挤情况			通道运行指数
			PQI	各路段技术状况空间分布	阻断程度	阻断事件特征		拥挤度	交通量空间分布特征	拥挤度空间分布特征	
6	沪蓉通道	高速公路	93.89 优等	各路段均处于优等水平	累计阻断时间 1 411.66d；累计阻断里程 15 018.16km；阻断严重程度 10 818.99 km·d	沪蓉通道公路阻断严重程度比去年大幅下降。全年共上报阻断事件791起，比去年下降49.4%。其中计划性阻断事件421起，较去年下降60.9%，突发性阻断事件370起		0.65 轻度拥堵	沪蓉通道中的高速公路（G42）江苏段达到严重拥堵，湖北到重庆段基本畅通或畅通。与上年相比，各段拥堵情况略有加剧	沪蓉通道中的高速公路（G42）江苏段达到严重拥堵，湖北到重庆段基本畅通或畅通。与上年相比，各段拥堵情况略有加剧	3.53
		普通公路	90.78 优等	各路段均处于优等水平	累计阻断时间 349.64d；累计阻断里程 79.44km；阻断严重程度 851.24km·d			0.64 基本畅通	平行的普通公路中，G312 上海段达到严重拥堵，G312 上海段轻度拥堵，其余路段基本畅通或畅通。与上年相比，江苏段、安徽段拥堵情况略有加剧，其余路段拥堵情况基本持平	平行的普通公路中，G312 上海段达到严重拥堵，G312 江苏段轻度拥堵，其余路段基本畅通或畅通。与上年相比，江苏段、安徽段拥堵情况略有加剧，其余路段拥堵情况基本持平	4.18

《2017年度中国公路网运行蓝皮书》

各省(区、市)主要编写人员

北京
王众毅　宫秀青　朱　晖　蔡　燕　乔学礼　翟雅峤　沈兴华
张予博

天津
郝学华　杨永前　杨　亮　汪东升　马洪福　丁志安　刘之鹏

河北
吕兰明　王杜娟　陈　光　栗红星　张　扬　王　丰　乔　函

山西
倪　津　金育蘅　赵　京

内蒙古
卢东升　邢占文　李　伟　郝振兴　李志新　白秋俊　侯树军

辽宁
赵　乐　马　强　王星辰　王金杰

吉林
马永辉　沈瑞峰　张学志　徐晓华　从广岩　李之强　姜艳霞
杨建辉　张宏国　王俊辉　张万刚

黑龙江
马向东　李　军　赵　滨　王大勇　何玉钦　李　超　程　辉
曲　淼

上海
李哲梁　唐虓飞　李若灵　尤　佳　马维维　董　晖　王国英

江苏

戈权民　王建刚　王　欣　马梦豪

浙江

张文林　余　泉　刘　祥　杨瑛华　刘俊珂　张建禄　项绍禹
傅拉丹　张静波　支冬美

安徽

周正兵　胡文友　李　明　汪　波　杨彦峰　田一鸣

福建

高金勇　姚凌云　邱路阳　沈　琦　张光耀

江西

徐华兴　甘正阳　陈　霞　邓娟娟　唐嘉立　林茂森　裴麟成
王遐莽

山东

余　波　张建勇　孙　浩　高　琦　孙玉柱　徐　宁　张　皎
潘　滨

河南

李安生　王之军　郭　晶　郭　宇　朱智慧　孙淑琴　蒋悦然
胡冠楠　陈鸿睿

湖北

孙　军　朱业贵　田　臣　叶　蜜　黄守强　王远辉

湖南

赵　平　周　超　王　嘉

广东

周德强　王　佳　林旭坤　曾波波　黎春武　张建栋　黄今亮
陈　春　黄小明　郑泽波　陈伟明

广西

胡　涌　戴圣宇　谭湘叶　蓝淑萍　钟许文　刘斌杰　邓　晓
褚鹏飞　易善贵　梁　燕　梁又文　陆建霄

海南

刘 文　欧阳平　郑健平　王 勇　蔡泽鸿　叶 茗　陈宇哲

重庆

刘 幸　许天洪　周 正　陈俊杰　吴 川　赵兴贵

四川

费 彧

贵州

张 旭

云南

马天宇　李小宇

西藏

张 伟　次 多　尼玛顿珠　多杰次仁

陕西

南争伟　马 甲　赵晓林　王 军　王 磊

甘肃

李全武　陈晓鹏　沈菊梅　齐宝德　边旺龙　陈译莹　王光超

青海

张铁军　史国良　史 超　杨培红　张乃月　季德钧　马月萍

宁夏

吴永祥　周尚军　许民民　李进保　姬海军　杨等荣

新疆

殷绍龙　艾来提·司马义　贾光智　王新联　魏 铭　张永华

李 亮

北京中交国通智能交通系统技术有限公司

孙晓亮　赵 丽　刘见平　张 凡　张 利　崔 玮　王体彬

王 华